18 €

Disfrute gratuitamente **DURANTE UN AÑO** de los eBook y audiolibros de las obras de Editorial Colex*

⊳ Acceda a la página web de la editorial **www.colex.es**

⊳ Identifíquese con su usuario y contraseña. En caso de no disponer de una cuenta regístrese.

⊳ Acceda en el menú de usuario a la pestaña «Mis códigos» e introduzca el que aparece a continuación:

RASCAR PARA VISUALIZAR EL CÓDIGO

⊳ Una vez se valide el código, aparecerá una ventana de confirmación y su eBook y/o audiolibro estará disponible **durante 1 año desde su activación** en la pestaña «Mis libros» en el menú de usuario.

---

* Los audiolibros están disponibles en las ediciones más recientes de nuestras obras. Se excluyen expresamente las colecciones «Códigos comentados», «Biblioteca digital» y los productos de www.vademecumlegal.es.

No se admitirá la devolución si el código promocional ha sido manipulado y/o utilizado.

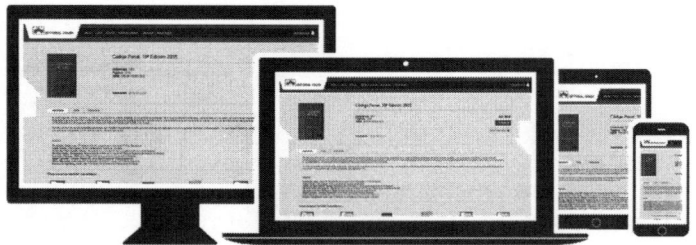

¡Gracias por confiar en nosotros!

La obra que acaba de adquirir incluye de forma gratuita la versión electrónica. Acceda a nuestra página web para aprovechar todas las funcionalidades de las que dispone en nuestro lector.

Funcionalidades eBook

Acceso desde cualquier dispositivo con conexión a internet

Idéntica visualización a la edición de papel

Navegación intuitiva

Tamaño del texto adaptable

Síguenos en:

CÓMO COMPRAR UNA VIVIENDA CON HIPOTECA

Todas las claves para afrontar la operación con la mayor información y seguridad posible (trámites, documentación básica a recabar, impuestos, etc.)

CÓMO COMPRAR UNA VIVIENDA CON HIPOTECA

Todas las claves para afrontar la operación con la mayor información y seguridad posible (trámites, documentación básica a recabar, impuestos, etc.)

EDICIÓN 2024

Obra realizada por el Departamento de Documentación de Iberley

COLEX 2024

© Editorial Colex, S.L.
Calle Costa Rica, número 5, 3.º B (local comercial)
A Coruña, 15004, A Coruña (Galicia)
info@colex.es
www.colex.es

I. S. B. N.: 978-84-1194-746-6
Depósito legal: C 1707-2024

SUMARIO

ANEXO I.
CASOS PRÁCTICOS

ANEXO II

0.
INTRODUCCIÓN

Comprar una vivienda con un préstamo hipotecario y todo lo que ello supone

Tomar la decisión de **comprar una vivienda financiada con un préstamo hipotecario** normalmente constituye un paso importante en la vida de casi cualquier persona. Y, por ese motivo, comenzar con los trámites para convertirse en propietario suele generar cierta incertidumbre o ansiedad por lo que pueda suceder: qué concretos pasos habrá que dar, qué comprobaciones o precauciones se deberán adoptar, qué gastos e impuestos supondrá la operación... Las dudas y las preguntas suelen ser múltiples y muy variadas.

Esta obra busca servir de guía para todo aquel que se haya decidido a comprar una vivienda a través de un préstamo hipotecario, brindándole la información básica sobre los trámites a seguir, las precauciones a adoptar y los derechos de los que se dispone a lo largo de todo el proceso. El objetivo es que el futuro propietario pueda **afrontar la operación con las mayores garantías y la mayor seguridad posible**.

En concreto, a lo largo de los distintos epígrafes se irán desgranando las siguientes cuestiones:

– En un primer bloque se hará referencia a los primeros detalles de la vivienda sobre los que conviene informarse y a la documentación básica que sería recomendable consultar u obtener; como el certificado de deudas con la comunidad, la nota simple del registro de la propiedad o los últimos recibos del IBI, entre otros. Asimismo, se estudia qué sucede con las deudas que el anterior propietario pueda tener pendientes y se ofrecen unas pinceladas básicas sobre las especiales precauciones a adoptar cuando la vivienda está a nombre de una empresa.

– En segundo lugar, se aborda el contrato de arras, que es el medio a través del cual se suele reservar la vivienda, una vez elegida.

– A continuación, se profundiza sobre los dos negocios jurídicos centrales de la operación: la compraventa y el préstamo con garantía hipotecaria.

  • En el caso de la compraventa, se repasan las notas básicas para comprender en qué consiste este contrato, cómo se formaliza y cuáles son las obligaciones o garantías que conlleva. Luego, se analizan a fondo sus implicaciones fiscales: se explica qué impuestos habrá que pagar en cada caso (IVA, ITP, AJD) y se mencionan, asimismo, otras consecuencias fiscales que puede conllevar la propiedad de un inmueble (por ejemplo, se aclara quién deberá pagar el IBI del año en el que la vivienda cambie de propietario, si la adquisición tiene que incluirse en la declaración de la renta, si hay que pagar la «plusvalía municipal», etc.).

- Con respecto al préstamo hipotecario, también se dan unas primeras nociones conceptuales y se detallan sus características, tipos y funcionamiento básico. Sobre esa base, se estudia paso a paso su tramitación, tanto en la entidad bancaria como en la notaría, los gastos e impuestos que conlleva, quién los asume, y otros aspectos de interés sobre su vida y terminación (la posibilidad de amortización anticipada, la ejecución hipotecaria en caso de impagos, la cancelación registral de la hipoteca, etc.).

 - Finalmente, se hace referencia a la inscripción del cambio de titular en el registro de la propiedad y el Catastro; y a las vías de reclamación en caso de que existan defectos en el inmueble.

Todas estas cuestiones se estudian siempre en relación con una operación muy concreta, que es la que constituye el objeto de esta guía: la **compra de una vivienda realizada por una persona física particular y financiada a través de un préstamo con garantía hipotecaria, que se contrata con una entidad bancaria u otra persona o entidad que se dedique a la concesión de préstamos de manera profesional**. Al referirnos a la adquisición de una vivienda, por supuesto, comprendemos también aquellos supuestos en los que, junto con ella, **se adquieran también plazas de garaje u otros anexos que se transmitan conjuntamente** con la vivienda, como trasteros.

Quedarían fuera del ámbito de la obra otros supuestos distintos de los mencionados, como la adquisición de inmuebles que no sean viviendas (locales, por ejemplo), las compras de viviendas que se produzcan en el marco de otras operaciones más complejas (por ejemplo, si la vivienda se adquiere como parte de una estructura empresarial), las compras de viviendas realizadas por empresarios o sociedades en el marco de su actividad y no para su esfera personal, la adquisición de viviendas financiadas con préstamos hipotecarios concedidos por particulares o empresas que no se dedican profesionalmente a ello, etc. En estos casos, y en otros que se aparten del concreto supuesto antes definido, pueden existir particularidades o normas específicas que impliquen una tramitación y un tratamiento radicalmente diferente del que se analiza en esta obra. De ahí que sus conclusiones o explicaciones no puedan extrapolarse sin más fuera de su ámbito.

Por último, conviene también puntualizar que a lo largo de la guía se explicarán los distintos pasos a seguir en la compra de una vivienda financiada con un préstamo hipotecario, de un modo más o menos ordenado, para que el lector pueda conocer en qué consiste cada uno o cómo se lleva a cabo a grandes rasgos. Ahora bien, eso no significa que el comprador o futuro propietario deba obtener o solicitar él mismo los distintos documentos que se indican o que tenga que tramitar personalmente cada una de las gestiones. Lo normal será que en el banco se designe una gestoría, que será la que se ocupe de realizar buena parte de los trámites, o que, por ejemplo, desde la propia notaría se efectúen algunas de las gestiones con el Catastro u otras de naturaleza fiscal. Se busca que **el interesado disponga de la mayor información posible sobre cada paso del proceso, aunque algunas de las gestiones las realicen otros en su nombre,** con el objetivo de que pueda seguir de cerca y controlar todo el proceso con las debidas garantías.

1.
DE UN SOLO VISTAZO: 15 PREGUNTAS Y RESPUESTAS CLAVE A LA HORA DE COMPRAR UNA VIVIENDA CON HIPOTECA

Cómo comprar una vivienda con hipoteca en 15 preguntas y respuestas

A lo largo de los próximos apartados de la guía se desarrollarán los principales aspectos a tener en cuenta a la hora de comprar una vivienda financiada con un préstamo hipotecario. Sin embargo, antes de entrar en materia, nos parece interesante asentar una serie de **ideas o conceptos básicos que permitirán al lector seguir el hilo de las explicaciones con mayor facilidad, teniendo ya en su cabeza un esquema general** para entender mejor las distintas vertientes de la operación y su mecánica básica. Lo haremos a través de 15 preguntas principales que creemos le pueden asaltar al futuro comprador, y a las que responderemos de una manera muy resumida o general, a grandes rasgos; ya que el estudio detallado de cada una de las cuestiones y de sus matices o particularidades se realiza en sus epígrafes correspondientes.

1. ¿Qué significa comprar una vivienda con hipoteca?

Decir que una vivienda se «compra con hipoteca» es una forma simplificada de decir que se compra una vivienda a través de financiación bancaria, por medio de un préstamo o crédito con garantía hipotecaria.

La hipoteca no «paga» la vivienda, lo que financia su adquisición es el préstamo que se obtiene del banco. La hipoteca simplemente es una forma de garantizar el cumplimiento de la obligación que asume quien solicita un préstamo, y no es otra que devolver el capital recibido más los intereses que se hayan acordado. Es una garantía que recae sobre un bien inmueble, que normalmente será la misma vivienda que se adquiera. Si, por ejemplo, dejan de pagarse las cuotas del préstamo durante un cierto tiempo, el banco estaría facultado para ejecutar la hipoteca, conforme a un determinado procedimiento, para cobrar la deuda y los correspondientes intereses, enajenando para ello el inmueble.

2. ¿Al comprar una vivienda con hipoteca existe un solo negocio jurídico o más de uno?

Cuando se adquiere una vivienda con hipoteca, en realidad, se están celebrando dos negocios jurídicos distintos:

- – Un contrato de compraventa, que se celebra entre el vendedor (el anterior propietario) y el comprador o adquirente.

- – Un contrato de préstamo con garantía hipotecaria, que se celebra entre el prestamista (la entidad bancaria que lo concede) y el prestatario (quien recibe el préstamo a su favor).

Aunque pueda parecer que ambos contratos se celebran más o menos al mismo tiempo, lo cierto es que son independientes y que, en principio, se formalizan cada uno en su propia escritura pública. Eso sí, si la hipoteca, como garantía para la devolución del préstamo, se constituye sobre la misma vivienda que se adquiere, primero habrá que otorgar la compraventa y después el préstamo con garantía hipotecaria; ya que para poder hipotecar un bien hay que ser su propietario. De hecho, en tales supuestos suele incluirse una cláusula en la escritura de compraventa en la que se condiciona su efectividad a la firma del préstamo con hipoteca; de modo que, si finalmente no se obtiene el préstamo, la compraventa quede sin efecto.

3. ¿Qué documentación básica conviene revisar u obtener antes de decidirse a comprar una determinada vivienda?

Cuando se encuentra un inmueble que reúna los requisitos deseados, hay una serie de datos que conviene comprobar o revisar antes de avanzar con la compra. Por ejemplo, habrá que saber si la vivienda está libre de embargos o de hipotecas, si tiene los pagos de la comunidad de propietarios y del Impuesto sobre Bienes Inmuebles (IBI) al corriente o si tiene dados de alta los suministros básicos.

La información referida a todos estos extremos puede obtenerse de una serie de documentos y certificados que, según los casos, serán entregados por el vendedor o solicitados a los organismos correspondientes por el comprador (o en su nombre, si, por ejemplo, una gestoría se encarga de esos trámites). Fundamentalmente, sería interesante revisar el libro del edificio (que comprende el conjunto de documentos referidos a las características de la vivienda una vez finalizada la obra, con sus planos, el trazado de las redes, etc.), el certificado de eficiencia energética del inmueble, el certificado de deudas con la comunidad de propietarios, la nota simple del registro de la propiedad y otros documentos como los recibos del IBI.

Conoce más detalles en el epígrafe 2.2 de la guía.

4. ¿Por qué es particularmente importante la nota simple del registro de la propiedad?

En el registro de la propiedad se inscriben o anotan los actos y contratos referidos a la propiedad y a los demás derechos que recaen sobre bienes inmuebles. Si una vivienda está inscrita en este registro, también constará en él mucha información de interés para cualquier interesado en adquirirla, de ahí que sea recomendable solicitar del registro correspondiente un documento informativo sobre la situación jurídica del inmueble: la nota simple. En ella figurará, además de la identidad del propietario de la vivienda y el título por el que la adquirió, posibles cargas o gravámenes que pesen sobre ella (como hipotecas, embargos o servidumbres) u otras limitaciones o advertencias que deban considerarse.

Conoce más detalles en el epígrafe 2.2 de la guía.

5. ¿Cómo se reserva la vivienda que se quiere comprar?

La reserva de la vivienda elegida se realiza normalmente a través de un contrato de arras, siendo las arras lo que comúnmente se conoce como «señal». Las arras pueden ser de distintos tipos, pero las más habituales son las penitenciales, que protegerían a ambas partes en el caso de que la contraria se echase atrás antes de que la compraventa se consumase. Mediante ellas, el futuro comprador entrega una determinada cantidad de dinero como señal, que perderá si finalmente decide no comprar la vivienda; o que el vendedor le devolverá duplicada en el caso de que la operación no se materialice por culpa de este último.

Conoce más detalles en el epígrafe 3 de la guía.

6. ¿Es necesario acudir al notario para comprar una vivienda con hipoteca?

Según la normativa civil e hipotecaria, para que la hipoteca quede válidamente constituida y surta plenos efectos tiene que formalizarse en escritura pública e inscribirse en el registro de la propiedad, así que será necesario que el inmueble sobre el que se constituye conste inscrito también en dicho registro. De ahí que tanto la compraventa de la propia vivienda como la constitución de la hipoteca sobre la misma (como garantía para la devolución del préstamo) se formalicen ante notario, en escritura pública.

7. ¿Qué impuestos se pagan por la compra de una vivienda?

La compra de una vivienda puede tributar por el Impuesto sobre el Valor Añadido (IVA) o por el Impuesto sobre Transmisiones Patrimoniales (ITP), según los casos. Para saber cuándo procederá uno u otro (se tributa **por IVA o por ITP**, no por ambos) habrá que atender a distintas cuestiones. Básicamente, a la condición del vendedor (si es particular o profesional; en caso de ser profesional, si es el promotor u otro) y a la de la vivienda (si está usada o no, si antes se había tenido en arrendamiento por cierto período de tiempo continuado, etc.).

En términos generales, suele decirse que la adquisición de una vivienda nueva al promotor tributa en IVA, mientras que la adquisición de viviendas usadas a empresarios o particulares lo hace por el ITP. Sin embargo, y según las circunstancias de cada caso, pueden existir matizaciones que alteren esa regla. *Conoce más detalles en los epígrafes 4.2.1 y 4.2.2 de la guía.*

Por otra parte, dado que en estos casos la compraventa se formalizará en escritura pública ante notario, también habrá que tener en cuenta la modalidad de **actos jurídicos documentados (AJD)** del ITPyAJD referida al otorgamiento de un documento notarial. La tributación por esta vía se realiza a través de una cuota fija y de otra variable. La cuota fija, de muy bajo importe y referida al papel timbrado en el que se extienden los documentos notariales, procederá siempre. La cuota variable, sin embargo, solo se aplicará cuando la compraventa en sí no esté sujeta al ITP; esto es, cuando tribute por el IVA. *Conoce más detalles en el epígrafe 4.3 de la guía.*

El comprador será el que deba hacerse cargo de estos impuestos por la compraventa (tanto del IVA o ITP, como de la cuota o cuotas de AJD).

8. Si la compra de vivienda tributa por IVA, ¿a qué porcentaje lo hará?

Como regla general, se aplicará un IVA del **10 %** a la adquisición de la vivienda, incluidas dos plazas de garaje como máximo, y los anexos que se transmitan conjuntamente. Si, por ejemplo, en lugar de dos plazas de garaje se adquirieran tres, la tercera tributaría al tipo general del 21 %.

En el caso de viviendas de protección oficial de régimen especial o de promoción pública, se aplicará un IVA del **4 %**.

Conoce más detalles en el epígrafe 4.2.1 de la guía.

9. Si la compra de vivienda tributa por ITP, ¿a qué porcentaje lo hará?

El ITP se encuentra cedido a las comunidades autónomas, por lo que para saber qué tipo se aplicará habrá que atender a la **normativa de la comunidad autónoma en la que se encuentre situado el inmueble**. Es decir, cada comunidad autónoma tiene establecidos sus propios porcentajes y muchas contemplan tipos reducidos para ciertos casos (por ejemplo, para personas jóvenes u otros colectivos). En general, los porcentajes que se establecen rondan el 7 o el 8 %.

Conoce más detalles en el epígrafe 4.2.2 de la guía.

10. ¿El impuesto por la transmisión de la propiedad que implica la compraventa se calculará siempre sobre el precio de compra?

No. Dependerá del impuesto que se aplique y de otras circunstancias:

- Si la operación tributa por el IVA, la cuota del impuesto será el resultado de aplicar al precio de compra el tipo de impuesto que corresponda.

– Si, en lugar del IVA, procede el ITP, para calcular la cuota del impuesto habrá que aplicar el tipo que corresponda sobre el valor de referencia de la vivienda, establecido por Catastro; o sobre el valor del inmueble declarado por los interesados o el precio pactado, si son superiores al valor de referencia. De no existir valor de referencia, la base sobre la que se aplicará el impuesto será el mayor valor de entre los siguientes: el valor declarado por los interesados, el precio pactado o el valor de mercado.

Conoce más detalles en los epígrafes 4.2.1 y 4.2.2 de la guía.

11. ¿Qué impuestos se pagan por la contratación de la hipoteca (la formalización del préstamo hipotecario)?

Como el préstamo con garantía hipotecaria se formaliza en escritura pública ante notario, la tributación de la operación se producirá, en su caso, a través de la modalidad de **actos jurídicos documentados (IAJD)**, documentos notariales, del ITPyAJD. Este impuesto se satisface a través de una cuota fija y de otra variable. Su coste, en caso de contratación de un préstamo hipotecario, lo asumirá la entidad bancaria prestamista.

Conoce más detalles en el epígrafe 5.6 de la guía.

12. ¿Qué otros gastos genera la formalización de un préstamo con garantía hipotecaria y quién los asume?

La constitución de un préstamo con garantía hipotecaria genera varios tipos de gastos y la normativa, a día de hoy, establece claramente quién deberá asumir cada uno de ellos:

– Corresponderá a la entidad bancaria (prestamista) el pago de los gastos de gestoría, de notaría (salvo los de las copias que asumirá quien las solicite) y de inscripción de la hipoteca en el registro de la propiedad; así como el pago del impuesto por el otorgamiento de la escritura pública del préstamo (IAJD por documentos notariales).

– El cliente que contrata el préstamo hipotecario (prestatario) asumirá los gastos de tasación.

Además, la entidad bancaria también podrá exigir al prestatario que pague ciertas comisiones, como la comisión de apertura, siempre con los límites y requisitos que establece la ley.

Conoce más detalles en el epígrafe 5.4 de la guía.

13. ¿Estoy obligado a contratar los productos vinculados que ofrezca el banco durante la tramitación del préstamo hipotecario?

En principio, en la contratación de préstamos hipotecarios están prohibidas las prácticas de venta vinculada, salvo que la entidad demuestre que los productos vinculados u ofrecidos suponen un claro beneficio para los prestatarios. De forma excepcional, se permite que la entidad bancaria pueda exigir al prestatario que suscriba un seguro de vida, de protección de pagos o de hogar sobre la vivienda sobre la que se constituye la hipoteca. Ahora bien, esos seguros no tienen por qué contratarse con la aseguradora del banco o la que este elija. La entidad bancaria tendrá que aceptar pólizas alternativas de otras aseguradoras, siempre que ofrezcan unas condiciones y un nivel de prestaciones equivalentes.

Conoce más detalles en el epígrafe 5.2 de la guía.

14. Una vez contratado el préstamo hipotecario, ¿sus condiciones de mantendrán inalteradas durante toda su vida?

La duración del préstamo hipotecario se prolonga normalmente durante un largo período de tiempo y a lo largo de su vigencia puede ser objeto de modificaciones que afecten a las partes del negocio jurídico o a las condiciones en las que inicialmente se contrató. Por lo tanto, los cambios pueden ser de naturaleza objetiva (si se varían las condiciones objetivas del préstamo, como el capital, plazo o tipo de interés) o subjetiva (si se cambian las partes del contrato, por sustituirse la persona del deudor o prestatario por otra; o bien reemplazarse la entidad acreedora o prestamista por otra nueva —cambio de banco de la hipoteca—). En un caso se habla de novación hipotecaria y en el otro de subrogación.

Las operaciones de novación o subrogación hipotecaria tienen que realizarse de determinadas formas y cumpliendo una serie de requisitos. Además, podrán suponer el pago de comisiones.

Conoce más detalles en el epígrafe 5.5 de la guía.

15. ¿Es obligatorio cancelar la hipoteca en el registro de la propiedad una vez que se termina de pagar el préstamo?

Una vez finalizados los pagos del préstamo hipotecario, el interesado puede optar por solicitar la cancelación de la inscripción o anotación de hipoteca en el registro de la propiedad o puede no hacerlo, dejando la inscripción de la vivienda como está (de modo que el inmueble siga figurando como hipotecado). El trámite no es obligatorio, pero sí conveniente por distintos motivos; y debería hacerse, por ejemplo, en el caso de que quiera venderse la vivienda. Tiene una serie de costes, que variarán en función de que se gestione personalmente, a través del banco o de una asesoría, o bien de que se espere a que se produzca la cancelación por caducidad cuando transcurran determinados plazos.

Conoce más detalles en el epígrafe 5.7 de la guía.

2.
PRIMER PASO: CONOCER LA SITUACIÓN FÍSICA Y JURÍDICA DE LA VIVIENDA

Conocimientos previos a la compra

Es bien sabido que resulta elemental para comprar una vivienda verla primero de forma presencial, es decir, realizar una serie de comprobaciones de tipo físico. Tales comprobaciones tienen como objetivo conocer el estado de conservación de la finca. Para ello, previa a la compra del inmueble es aconsejable realizar una inspección visual cuidadosa tanto del interior como del exterior; zonas comunes, etc. De esta manera, se tendrá un conocimiento adecuado para identificar posibles deficiencias, conocer el estado de conservación de la finca en cuestión y anticiparnos a futuros problemas que puedan ocasionarse.

Una vez se han realizado la serie de comprobaciones de tipo físico a la que nos acabamos de referir, resulta primordial consultar la situación jurídica de la vivienda. Esto es, se debe tener conocimiento en cuanto a características, titular y cargas. Para ello, resulta indispensable solicitar la nota simple de la vivienda en cuestión al registro de la propiedad (se puede solicitar presencialmente u *online*, aunque nos iremos adentrando en este tema más adelante).

2.1. Primeros detalles sobre los que informarse

Los aspectos físicos y jurídicos más relevantes

Con el objetivo de detallar **aspectos físicos (tanto externos, como internos)** a comprobar antes de comprar un inmueble, se procede a mencionarlos a continuación:

Aspectos físicos externos

- La ubicación de la propiedad; tiendas, servicios públicos, transportes y otros lugares que se frecuenten.
- Calidad de las calles, alcantarillado, suministro de agua y otros servicios públicos en la zona.
- Fuentes de ruido molestas cerca de la propiedad.
- Índices de criminalidad en la zona.

Aspectos físicos internos

- La revisión de las instalaciones de agua, electricidad y gas.
- Las filtraciones de agua.
- Las condiciones generales de mantenimiento del inmueble.
- Las posibles servidumbres visibles que pudieran afectar al uso de la vivienda.

> **A TENER EN CUENTA.** Las servidumbres son un gravamen impuesto sobre un inmueble, en beneficio de otro que le pertenece a distinto dueño. Las diferentes clases de servidumbres que pueden establecerse sobre las fincas y los modos de adquirirlas vienen recogidas en el libro segundo, título VII del Código Civil (en adelante CC). Por ejemplo, algunas servidumbres que pueden darse con frecuencia son la de paso (que permitiría a los titulares o usuarios de un inmueble pasar por otro que no sea de su propiedad para acceder a él) o la de luces y vistas (que permite que un inmueble tenga ventanas o balcones que le den luz y vistas sobre el terreno de otro en ciertas condiciones).

Una vez tratados los aspectos físicos generales que deben revisarse, a **nivel jurídico** principalmente interesa conocer lo siguiente:

- Datos de titularidad.
- La existencia de cargas o gravámenes sobre la misma (hipotecas, embargos, otras cargas...).
- Si se encuentra sujeta a régimen especial.
- Si se encuentra al día en los pagos de las cuotas de comunidad de vecinos y el Impuesto sobre Bienes Inmuebles.
- Si existe sobre ella alguna prohibición.
- Si está coordinada con catastro.
- Si se trata de viviendas de protección oficial o de precio tasado.

> **A TENER EN CUENTA.** A nivel jurídico, mayoritariamente pueden conocerse todos los datos de la vivienda solicitando la nota simple al registro de la propiedad, como ya se ha mencionado.

CUESTIÓN

¿Quién debe cambiar la titularidad de los suministros en la propiedad a vender?

Lo más común es que sea el nuevo propietario quien asuma la responsabilidad de cambiar la titularidad de los contratos de suministros. Así, resultaría conveniente establecer un plazo para hacer efectivo este cambio en el contrato de compraventa.

2.2. Documentación de interés a recabar o revisar

Documentos imprescindibles relativos a la compraventa de vivienda

Cuando queremos comprar un inmueble existen una serie de datos previos que, por la seguridad de la operación en sí, deberíamos conocer antes de proceder a la compra. Estos datos sobre el inmueble los podemos encontrar en diferentes documentos, tales como:

Libro del edificio: definido por el Diccionario panhispánico del español jurídico como el *«conjunto de documentos que ha de ser entregado a los usuarios finales del edificio a construir, una vez finalizada la obra».* En él podrá encontrarse información como a la que hace referencia la guía elaborada por el Colegio de Registradores («Cómo comprar una vivienda»), *«plano general del emplazamiento de la vivienda y plano de la vivienda misma, así como descripción y trazado de las redes eléctricas, de agua, gas, calefacción y garantía de las mismas, y de las medidas de seguridad contra incendios con que cuenta el inmueble».*

Certificado de eficiencia energética: definido como un documento que refleja la eficiencia energética de un edificio o unidad de un edificio, expresada mediante un indicador numérico del uso de energía primaria en kWh/(m^2.a). Encuentra su regulación en el Real Decreto 390/2021, de 1 de junio, que establece el procedimiento básico para la certificación de la eficiencia energética de los edificios. En él podemos encontrar información acerca de la eficiencia energética del inmueble.

Certificado de deudas con la comunidad de propietarios: documento que recoge la existencia de deudas ordinarias pendientes con la mencionada comunidad. Como señala la Ley de Propiedad de Horizontal, en su artículo 9.1 letra e), *«(...) El adquirente de una vivienda o local en régimen de propiedad horizontal, incluso con título inscrito en el Registro de la Propiedad, responde con el propio inmueble adquirido de las cantidades adeudadas a la comunidad de propietarios para el sostenimiento de los gastos generales por los anteriores titulares hasta el límite de los que resulten imputables a la parte vencida de la anualidad en la cual tenga lugar la adquisición y a los tres años naturales anteriores. El piso o local estará legalmente afecto al cumplimiento de esta obligación.*

En el instrumento público mediante el que se transmita, por cualquier título, la vivienda o local el transmitente, deberá declarar hallarse al corriente en el pago de los gastos generales de la comunidad de propietarios o expresar los que adeude. El transmitente deberá aportar en este momento certificación sobre el estado de deudas con la comunidad coincidente con su declaración, sin la cual no podrá autorizarse el otorgamiento del documento público, salvo que fuese expresamente exonerado de esta obligación por el adquirente. La certificación será emitida en el plazo máximo de siete días naturales desde su solicitud por quien ejerza las funciones de secretario, con el visto bueno del presidente, quienes responderán, en caso de culpa o negligencia, de la exactitud de los datos consignados en la misma y de los perjuicios causados por el retraso en su emisión».

Nota simple del registro de la propiedad: puede ser considerado como el documento «más importante» por la información que nos ofrece. Nos va a decir en qué situación jurídica se encuentra el inmueble. Como se expone en el apartado 5 del artículo 222 de la Ley Hipotecaria, la nota simple informativa tiene valor puramente informativo y no da fe del contenido de los asientos, sin perjuicio de la responsabilidad del registrador, por los daños ocasionados por los errores y omisiones padecidos en su expedición. Deberá reproducir, literal si así lo solicita el interesado, o en extracto en otro caso, el contenido de los asientos vigentes relativo a la finca objeto de manifestación, donde conste, al menos, la **identificación de la misma, la identidad del titular o titulares de derechos inscritos sobre la misma y la extensión, naturaleza y limitaciones de éstos. Asimismo se harán constar, en todo caso, las prohibiciones o restricciones que afecten a los titulares o a los derechos inscritos.**

Es decir, a través de esta nota simple, que podrá ser solicitada en el registro de la propiedad en el que la vivienda esté inscrita por la persona que desee comprar la vivienda o el propio vendedor, podremos conocer (entre otros datos) si tiene alguna hipoteca, embargos, servidumbres, litigios sobre la propiedad, alguna afección fiscal...; datos sumamente importantes antes de decidirse a comprar.

Haciendo una breve referencia a cómo se puede conseguir la nota simple, se indica que es necesario tener conocimiento de alguno de los siguientes datos para poder solicitarla:

- Datos registrales de la finca: número de registro de la propiedad, así como el municipio y la ubicación para facilitar la localización del inmueble.
- CRU/IDUFIR (Código Registral único/Identificador Único de Finca Registral): cada vivienda dispone de un número único que se asocia a cada inmueble.
- Titularidad: nombre completo del propietario, además del DNI de este.
- Localización: la dirección completa del inmueble.

A TENER EN CUENTA. La nota simple podrá ser solicitada de forma presencial en el registro de la propiedad al que corresponda el inmueble, o bien a través de la tramitación online en la web del Colegio de Registradores.

Otra documentación complementaria: también resulta importante conocer el estado del pago de determinados impuestos, como sería el IBI (Impuestos sobre Bienes Inmuebles). Se aconseja solicitar, como mínimo, el recibo del pago de la última anualidad de este impuesto, para conocer que se está al corriente del pago. En el caso de la compraventa de la vivienda, como regla general, el IBI lo deberá pagar el propietario de inmueble a día 1 de enero (art. 64 de la Ley Reguladora de Haciendas Locales). Por lo tanto, si la vivienda se vende posteriormente a dicha fecha, en principio, el obligado al pago de este impuesto será el vendedor; aunque las partes, al celebrar el contrato de compraventa, pueden acordar otra cosa. Además, hay que tener en cuenta que el Tribunal Supremo ha establecido que, en ausencia de pacto entre las partes, el vendedor podrá repercutirlo sobre el comprador en proporción al tiempo que cada uno haya sido propietario (sentencia n.º 409/2016, de 15 de junio, ECLI:ES:TS:2016:2886). Se profundiza sobre esta cuestión en el epígrafe 4.2.4. de la guía, que aborda «otras implicaciones fiscales a tener en cuenta al comprar una vivienda».

2.3. Existen deudas pendientes: ¿qué pasa con ellas?

Los tipos de deudas y cómo solventarlas al comprar una vivienda

En algunas ocasiones sucede que, una vez ya está todo decidido acerca de la compra de una vivienda, al solicitar la nota simple al registro de la propiedad se comprueba que el inmueble tiene deudas pendientes del/los —todavía— propietario/s, o bien se descubren por otras vías, como el certificado de deudas con la comunidad de propietarios.

En el caso de la nota simple registral, una de las menciones que más sobresaltos suele generar a los potenciales compradores son las denominadas «**notas de afección fiscal**». Y es que, junto con las hipotecas, embargos, servidumbres, cargas urbanísticas o de otro tipo que pueden aparecer en este documento, con frecuencia existirán una serie de anotaciones en virtud de las cuales se afecta el inmueble inscrito al pago de determinados impuestos. Según la definición dada por la web oficial de Registradores de España, por afección fiscal se entiende la nota marginal (un asiento practicado al margen de una inscripción o anotación) que vincula la finca de que se trate a la posible liquidación complementaria del impuesto que grava el derecho que se registra. Son notas que se extienden de oficio y que pueden ser canceladas por caducidad a los 5 años de su fecha, bien al tiempo de practicarse cualquier operación sobre la finca afectada o bien al expedirse una certificación. Legalmente suponen una especie de embargo preventivo a favor de la Hacienda pública y suelen aparecer en la mayoría de las fincas registrales.

En concreto, los impuestos que gravan las transmisiones del inmueble y que pueden dar lugar a una nota de afección fiscal son, fundamentalmente, el Impuesto sobre Transmisiones Patrimoniales y Actos Jurídicos Documentados (ITPyAJD), el Impuesto sobre la Renta de No Residentes (IRNR), y el Impuesto sobre Sucesiones y Donaciones (ISD). Por ello es muy importante que el posible comprador compruebe, en el caso de que la nota todavía esté vigente, que el vendedor liquidó el impuesto de que se trate de manera adecuada; pues, en caso contrario, si Hacienda reclama un pago por ese concepto, el comprador podría ser responsable subsidiario.

¿De qué tipo pueden ser estas deudas?

Si se trata de **deudas tributarias** entra en juego la denominada «hipoteca legal tácita», figura jurídica que se encuentra regulada en el artículo 78 de la LGT, caracterizada por ser una garantía real que se impone sobre bienes inmuebles para asegurar el pago de deudas tributarias, aplicable a los tributos que gravan periódicamente los inmuebles inscribibles en un registro público —como, por ejemplo, el IBI—:

> «En los tributos que graven periódicamente los bienes o derechos inscribibles en un registro público o sus productos directos, ciertos o presuntos, el Estado, las comunidades autónomas y las entidades locales tendrán preferencia sobre cualquier otro acreedor o adquirente, aunque éstos hayan inscrito sus derechos, para el cobro de las deudas devengadas y no satisfechas correspondientes al año natural en que se exija el pago y al inmediato anterior».

La ejecución de la hipoteca legal tácita se inicia cuando el obligado al pago no ha satisfecho la deuda tributaria en el período voluntario de pago. En este caso, se procede al procedimiento de apremio. Si el bien pertenece a una persona distinta del obligado tributario, se le comunicará el impago y se le requerirá para que, en el plazo establecido, ponga el bien a disposición del órgano de recaudación o pague la deuda.

La hipoteca legal tácita es compatible con el derecho de afección regulado en el artículo 64 de la Ley reguladora de las Haciendas Locales (en adelante TRLRHL), que indica lo siguiente:

> «1. En los supuestos de cambio, por cualquier causa, en la titularidad de los derechos que constituyen el hecho imponible de este impuesto, los bienes inmuebles objeto de dichos derechos quedarán afectos al pago de la totalidad de la cuota tributaria, en régimen de responsabilidad subsidiaria, en los términos previstos en la Ley General Tributaria. A estos efectos, los notarios solicitarán información y advertirán expresamente a los comparecientes en los documentos que autoricen sobre las deudas pendientes por el Impuesto sobre Bienes Inmuebles asociadas al inmueble que se transmite, sobre el plazo dentro del cual están obligados los interesados a presentar declaración por el impuesto, cuando tal obligación subsista por no haberse aportado la referencia catastral del inmueble, conforme al apartado 2 del artículo 43 del texto refundido de la Ley del Catastro Inmobiliario y otras normas tributarias, sobre la afección de los bienes al

pago de la cuota tributaria y, asimismo, sobre las responsabilidades en que incurran por la falta de presentación de declaraciones, el no efectuarlas en plazo o la presentación de declaraciones falsas, incompletas o inexactas, conforme a lo previsto en el artículo 70 del texto refundido de la Ley del Catastro Inmobiliario y otras normas tributarias.

2. Responden solidariamente de la cuota de este impuesto, y en proporción a sus respectivas participaciones, los copartícipes o cotitulares de las entidades a que se refiere el artículo 35.4. de la Ley 58/2003, de 17 de diciembre, General Tributaria, si figuran inscritos como tales en el Catastro Inmobiliario. De no figurar inscritos, la responsabilidad se exigirá por partes iguales en todo caso».

En relación con el IBI como ejemplo mientras que la hipoteca legal tácita se extiende a la deuda —del IBI— correspondiente al año en que se exige el pago y la inmediata anterior, el derecho de afección se extiende a todas las deudas del IBI pendientes de cobro de ejercicios no prescritos.

A TENER EN CUENTA. Las deudas del IBI prescriben a los 4 años, en virtud del artículo 66.a) de la LGT:

«Prescribirán a los cuatro años los siguientes derechos: El derecho de la Administración para determinar la deuda tributaria mediante la oportuna liquidación».

En relación con otros impuestos, como por ejemplo el Impuesto sobre Transmisiones Patrimoniales (ITP) o el Impuesto sobre Sucesiones y Donaciones (ISD), de existir esa afección fiscal sobre el inmueble que se desea adquirir, se debe tener en cuenta que podremos ser responsables del pago de los mismos. Con un ejemplo lo veremos mejor. Si queremos comprar una vivienda que el comprador ha adquirido por herencia y por la cual en su día presentó una autoliquidación del ISD, el registrador de la propiedad incorporará junto a la nota simple una nota marginal de afección fiscal sobre ese impuesto. Afección que estará sujeta a un plazo de prescripción de 4 años, tras los cuales quedará prescrita. Pues bien, en el caso de que adquiramos la vivienda y nos convirtamos en nuevos propietarios, si Hacienda (antes del transcurso de esos 4 años) entiende que esa liquidación del impuesto no fue del todo correcta y que se ha pagado menos cantidad que la debería haber correspondido, le reclamará al anterior propietario, pero si este hace caso omiso, no hace frente a la deuda que tiene con Hacienda, la responsabilidad recaerá sobre el nuevo propietario.

Si son **deudas hipotecarias**, el comprador deberá evaluar si desea subrogarse a esa hipoteca, o si, por el contrario, prefiere descontar del precio pactado la cantidad necesaria para la cancelación económica y registral de la deuda. Lo más frecuente en este caso es que el anterior propietario cancele su hipoteca para que así pueda el nuevo propietario contratar una nueva. No obstante, cabe la posibilidad de que el comprador se subrogue en la hipoteca del vendedor, tal y como lo indica el artículo 118 de la Ley Hipotecaria:

«En caso de venta de finca hipotecada, si el vendedor y el comprador hubieren pactado que el segundo se subrogará no sólo en las responsabilidades derivadas de la hipoteca, sino también en la obligación personal con ella garantizada, quedará el primero desligado de dicha obligación, si el acreedor prestare su consentimiento expreso o tácito. Si no se hubiere pactado la transmisión de la obligación garantizada, pero el comprador hubiere descontado su importe del precio de la venta, o lo hubiese retenido y al vencimiento de la obligación fuere ésta satisfecha por el deudor que vendió la finca, quedará subrogado éste en el lugar del acreedor hasta tanto que por el comprador se le reintegre el total importe retenido o descontado».

Si son **deudas con la comunidad de propietarios** deberá hacerse cargo el nuevo propietario. El certificado de deudas con la comunidad de propietarios se debe presentar en el momento de firmar la escritura de compraventa y para que tenga valor es necesario que esté firmado por el secretario de la comunidad y tenga el visto bueno del presidente —cuanto más actual sea el certificado, mejor—.

Tal y como indica el artículo 9.1.e) de la Ley de Propiedad Horizontal:

«El adquirente de una vivienda o local en régimen de propiedad horizontal, incluso con título inscrito en el Registro de la Propiedad, responde con el propio inmueble adquirido de las cantidades adeudadas a la comunidad de propietarios para el sostenimiento de los gastos generales por los anteriores titulares hasta el límite de los que resulten imputables a la parte vencida de la anualidad en la cual tenga lugar la adquisición y a los tres años naturales anteriores. El piso o local estará legalmente afecto al cumplimiento de esta obligación».

Del anterior precepto indicado se puede entender que la persona que adquiere el inmueble debe solventar las deudas que queden pendientes. Sí es cierto, que es necesario que las deudas estén vencidas y sean exigibles.

CUESTIÓN

Una persona le compra a otra un piso en noviembre de 2024. No obstante, este inmueble tiene deudas con la comunidad de propietarios desde enero de 2020 en adelante. ¿Tiene que hacerse cargo el adquiriente de la vivienda?

Sí, el adquiriente responderá de las deudas del anterior propietario correspondientes a todas las mensualidades de 2024 —que es el año en el que se adquiere el piso—, y los tres años anteriores, es decir, a las deudas de los años 2023, 2022 y 2021. Por ello, las deudas correspondientes a los meses del año 2020 no recaerán sobre el comprador.

Si son **deudas de suministros**, tendrán que abonarlas los titulares de las deudas, no el propietario de la vivienda. Eso sí, en el caso de que el comprador quisiese hacer un nuevo contrato de suministros a nombre propio, tendrá que abonar lo que haya pendiente de los anteriores titulares para poder realizar el trámite.

También debemos prestar atención a otras notas marginales que recojan, por ejemplo, **afecciones por cargas urbanísticas** que, según el artículo 65.1 de la Ley del Suelo, son objeto de inscripción en el registro de la propiedad:

«a) Los actos firmes de aprobación de los expedientes de ejecución de la ordenación urbanística en cuanto supongan la modificación de las fincas registrales afectadas por el instrumento de ordenación, la atribución del dominio o de otros derechos reales sobre las mismas o el establecimiento de garantías reales de la obligación de ejecución o de conservación de la urbanización y de las edificaciones».

Entre ellas podemos encontrar:

– Cargas de urbanización: obligaciones económicas que los propietarios de terrenos deben asumir para financiar obras de urbanización en el área donde se encuentre el inmueble.

– Limitaciones urbanísticas: restricciones sobre el uso del suelo, la edificabilidad, la altura máxima de las construcciones...

– Afecciones urbanísticas: obligaciones derivadas de planes urbanísticos, como la cesión de terrenos para dotaciones públicas o realización de determinadas obras.

A TENER EN CUENTA. Estas afecciones por cargas urbanísticas están sujetas a un plazo de caducidad de 7 años (artículo 20 del Real Decreto 1093/1997, de 4 de julio).

2.4. Especiales precauciones si el inmueble está a nombre de una empresa

Algunos datos adicionales a considerar cuando la vivienda se compra a una sociedad

Si la vivienda que se quiere comprar figura a nombre de una persona jurídica o sociedad, convendrá realizar algunas comprobaciones adicionales para que la operación se lleve a cabo con la mayor seguridad posible. Y es que, no en vano, las sociedades mercantiles son entidades independientes y dotadas de personalidad jurídica propia, por lo que tienen que valerse de determinados órganos para desarrollar su actividad, tanto a nivel interno como externo; lo que puede favorecer el fraude o dificultar la averiguación de quién se encuentra detrás de la sociedad.

En términos generales, y sin ánimo exhaustivo, puede decirse que los aspectos clave a tener en cuenta serían tres:

– Por un lado, convendría **verificar que la persona que dice actuar en nombre de la sociedad realmente está facultada para ello**. En principio, la representación de una sociedad de capital, tanto en juicio como fuera de él, la ostentan sus administradores, en la forma determinada en los estatutos (artículo 233 del Real Decreto Legislativo 1/2010, de 2 de julio, por el que se aprueba el texto refundido de la Ley de Sociedades de Capital; en adelante, LSC). Y, más en concreto, la atribución del poder de representar a la sociedad frente a terceros dependerá de cómo se configure su órgano de administración. Si cuenta con un administrador único, el poder de representación le corresponderá a él necesariamente; por el contrario, si existen varios administradores o un consejo de administración, la cuestión es un poco más compleja:

- En caso de varios administradores solidarios, el poder de representación corresponde a cada administrador, sin perjuicio de las disposiciones estatutarias o de los acuerdos de la junta de socios sobre distribución de facultades, que tendrán un alcance meramente interno.

- En la sociedad de responsabilidad limitada, si hubiera más de dos administradores conjuntos, el poder de representación se ejercerá mancomunadamente al menos por dos de ellos en la forma determinada en los estatutos. Si la sociedad fuera anónima, el poder de representación se ejercerá mancomunadamente.

- En el caso de que la administración corresponda a un consejo de administración, el poder de representación corresponde al propio consejo, que actuará colegiadamente. No obstante, los estatutos podrán atribuir el poder de representación a uno o varios miembros del consejo a título individual o conjunto. Además, cuando el consejo, mediante el acuerdo de delegación, nombre una comisión ejecutiva o uno o varios consejeros delegados, se indicará el régimen de su actuación.

Por lo tanto, y con carácter general, serán los administradores los que puedan obligar a la sociedad frente a terceros, celebrando contratos y otros negocios jurídicos. Sin embargo, también es posible que los administradores puedan otorgar, en uso de los poderes de representación que tienen atribuidos, poderes a otras personas para que puedan ejecutar actos en nombre de la sociedad en ciertos ámbitos (serían los apoderados generales o parciales, cuya actuación se someterá a lo que se estipule en el acto de otorgamiento del poder —que suele hacerse en documento ante notario—). En el primer caso, sería la sociedad la que actuaría por sí misma (a través de sus órganos internos, los administradores), mientras que en el segundo se trataría de un supuesto de actuación a través de apoderado (no actúa la sociedad en sí misma, sino otro en su nombre).

Para comprobar quiénes son los administradores de una sociedad de capital puede acudirse al registro mercantil. En él constará la identidad de los administradores y, en relación con los que tengan atribuida la representación de la sociedad, si pueden actuar por sí solos o necesitan hacerlo conjuntamente (artículo 215 de la LSC). Además, a través del registro mercantil también podrán consultarse otros datos de la sociedad, como los apoderados o los estatutos.

- Por otra parte, también hay que tener presente que las decisiones más importantes de una sociedad mercantil suelen adoptarse por la junta de socios, también denominada junta general. La junta tendrá que decidir sobre determinadas materias que establece expresamente la ley, pero también sobre aquellos otros asuntos que puedan determinar los estatutos. Por ejemplo, el artículo 160.f) de la LSC establece que será competencia de la junta general decidir sobre la enajenación de activos esenciales, presumiéndose el carácter esencial de un activo cuando el importe de la operación supere el 25 % del calor de los activos que figuren en el último balance aprobado. Por lo tanto, si la vivienda tiene el carácter de activo esencial, la decisión sobre su venta tendrá que adoptarse por la junta general; al igual que si así lo establecen los estatutos u otras normas específicas. En definitiva, sería recomendable **revisar que la decisión de vender el inmueble se ha adoptado debidamente por el órgano correspondiente de la sociedad.**

– Otro aspecto clave a este respecto viene dado por la **titularidad real de la persona jurídica**. La Ley 10/2010, de 28 de abril, de prevención del blanqueo de capitales y de la financiación del terrorismo, incorporó en su artículo 4 bis la obligación que las sociedades mercantiles declaren su titularidad real en términos generales (puede haber alguna excepción, por ejemplo, en el caso de sociedades cotizadas o unipersonales). Por lo que aquí nos interesa, se considera como titular real de una sociedad a la persona o las personas físicas que en último término poseen o controlan (directa o indirectamente) un porcentaje superior al 25 % del capital o de los derechos de voto de una sociedad, o que por otros medios ejerzan su control. De hecho, la norma incluso establece la necesidad de mantener la información sobre la titularidad real actualizada. Todo ello, como se intuye, se enmarca dentro de la lucha contra el blanqueo de capital y busca arrojar luz sobre las personas físicas que se esconden realmente tras las sociedades mercantiles.

Así las cosas, generalmente las sociedades tendrán que contar con un acta de titularidad real, formalizada ante notario, que se incorporará a la escritura de compraventa. Este extremo suele verificarlo el notario, llegado el momento, pero no sobra tener una cierta noción básica sobre lo que es la titularidad real de una sociedad y su relevancia.

A TENER EN CUENTA. Existe un Registro Central de Titularidades Reales, que tiene por objeto recoger y dar publicidad a la información sobre la titularidad real a la que se refiere la normativa sobre blanqueo de capitales. Es un registro electrónico, central y único en todo el territorio nacional, gestionado por el Ministerio de Justicia y cuyo régimen se regula en el Real Decreto 609/2023, de 11 de julio. Además de las autoridades, también podrán acceder a la información de ese registro los notarios y registradores; e incluso personas u organizaciones que demuestren interés legítimo en conocer su contenido podrán acceder también a cierta información más reducida.

3.
LA RESERVA DE LA VIVIENDA: EL CONTRATO DE ARRAS

Definición y contenido del contrato de arras

El contrato de arras se puede definir como **aquel documento mediante el cual comprador y vendedor pactan en privado llevar a cabo la compraventa futura de una propiedad.**

A pesar de que el contrato de arras es un precontrato y no tiene por qué tener carácter definitivo, deberá incluir toda la **información necesaria** en un contrato de compraventa, toda vez que, establece los términos de la futura operación, esta es: los datos personales de los interesados; una descripción detallada del inmueble con una identificación; el precio final de la compraventa, así como el método de pago; la cuantía del dinero de la señal o el anticipo —que será descontado del precio final—; la fecha límite para formalizar el contrato de compraventa; el compromiso de firmar el contrato mediante escritura pública; la distribución de los posibles gastos de compraventa; las cargas del inmueble —información sobre hipotecas, embargos u otras cargas—; las consecuencias del incumplimiento; y, la firma de las dos partes, el comprador y el vendedor.

Como señala el Tribunal Supremo en **sentencia n.º 175/2012, de 21 de marzo, ECLI:ES:TS:2012:1694**:

> «Las arras son una garantía del cumplimiento de un contrato (o de un precontrato); son un medio de protección del cumplimiento de obligaciones derivadas del mismo, normalmente es el de compraventa, pero puede ser añadido a cualquier otro contrato y precontrato».

Cabe reseñar que el contrato de arras podrá ser elevado a escritura pública ante notario, el cual podrá ser escogido por ambas partes, y en caso contrario, la elección le correspondería al comprador.

CUESTIÓN

Si una vez firmado el contrato de arras entre las partes no se llega a formalizar la compraventa de la vivienda porque la entidad financiera no le autoriza la financiación solicitada al comprador, ¿qué pasaría con el dinero adelantado en concepto de señal?

Podrían suceder dos cosas: la primera, que el vendedor devuelva las arras; y la segunda, que no las devuelva. Por ello, dependerá de lo que se firme en el contrato de arras. En caso de que no se haya señalado nada al respecto, al no formalizarse la venta de la vivienda, el vendedor tendría derecho a quedarse con las arras.

Así, lo más adecuado, es incluir una cláusula en el contrato de arras, indicando que, si el banco no autoriza la hipoteca, el comprador tendría derecho a la devolución de las arras.

Por lo indicado, lo más adecuado para esta situación, son las arras penitenciales, toda vez que, son las únicas que permiten desistir del contrato sin necesidad de recurrir a la vía judicial (se explicarán a continuación).

Brevemente, interesa distinguir los tipos de contratos de arras que existen según lo establecido por la doctrina jurisprudencial, por ejemplo, en la STS n.º 583/2018, de 17 de octubre, ECLI:ES:TS:2018:3513, *«(...) Ante la imposibilidad de dar un concepto unitario de las arras, la doctrina moderna distingue las siguientes modalidades de ellas: a) Confirmatorias. Son las dirigidas a reforzar la existencia del contrato, constituyendo una señal o prueba de su celebración, o bien representando un principio de ejecución. b) Penales. Su finalidad es la de establecer una garantía del cumplimiento del contrato mediante su pérdida o devolución doblada, caso de incumplimiento. c) Penitenciales. Son un medio lícito de desistir las partes del contrato mediante la pérdida o restitución doblada. Esta última es la finalidad reconocida por el artículo 1454».*

Por lo tanto, las arras pueden ser de 3 tipos:

- **Arras confirmatorias:** (que confirman la existencia y eficacia del contrato) son aquellas en las que la entrega de dinero se efectúa como un pago anticipado o a cuenta de la obligación dineraria contraída por el comprador, sirviendo como prueba de su voluntad de compra.

- **Arras penales:** realmente son un tipo de arras confirmatorias mixtas que se entregan como garantía del cumplimiento del contrato mediante su pérdida o devolución duplicada. Es decir, si incumple quien entregó las arras, este las perderá, sin que ello le libere necesariamente de que la otra parte pueda reclamarle el cumplimiento forzoso de lo pactado y la indemnización por los daños y perjuicios sufridos.

- **Arras penitenciales:** Este tipo de pacto de arras también son muestra de la celebración de un contrato o promesa de contrato, pero permiten lícitamente desistir del mismo, perdiéndolas el que las entregó y devolviéndolas duplicadas el que las recibió, por lo que no se trata de un contrato firme. Si bien son el tipo de pacto de arras más habitual, son en realidad una excepción a la obligación del cumplimiento de los contratos, puesto que suponen configurar expresamente la posibilidad de desistimiento del mismo abonando simplemente una cantidad. Para que un contrato de compraventa con pacto de arras sea considerado como pacto de arras penitenciales, estas deben configurarse expresamente como tales, ya que suponen una excepción al criterio general por el cual el cumplimiento de las obligaciones no debe dejarse al arbitrio de una de las partes.

A TENER EN CUENTA. En caso de que no se especifique el tipo de arras en el contrato, se entenderá que son confirmatorias.

JURISPRUDENCIA

Sentencia del Tribunal Supremo n.º 581/2013, de 26 de septiembre, ECLI:ES:TS:2013:4815

Asunto: diferenciación entre arras penitenciales y arras penales

«No se discute que sean confirmatorias, pues todas las arras lo son, al acreditar la perfección del contrato de compraventa y que las simplemente confirmatorias constituyen una señal o parte del precio (...). Tampoco son arras penales, que tienen naturaleza de cláusula penal (...). Se puede calificar de arras penales que no son sino una cláusula penal, por la que la parte puede exigir el cumplimiento de la obligación y sólo en caso de incumplimiento, exigir que se ejecute dicha cláusula; en ningún caso aparece formulada como las arras de desistimiento que prevé el art. 1454 del Código Civil.

Se trata de la clásica y exacta definición de las arras penitenciales, que no llevan a otra cosa que a la obligación facultativa: puede cumplir o pagar lo pactado, como opción del deudor (...)».

En definitiva, la diferencia principal entre las arras penitenciales y las otras dos explicadas —es decir, confirmatorias y penales—, es que las primeras no se activan si existe un incumplimiento del comprador o vendedor, sino que, otorgan a ambas partes la capacidad de desistir. Por ello, también reciben el nombre de arras de desistimiento.

A TENER EN CUENTA. El Código Civil considera que aquellos supuestos fortuitos o de fuerza mayor —por ejemplo, el fallecimiento de uno de los firmantes—, invalidarán cualquier demanda de la parte perjudicada.

RESOLUCIÓN RELEVANTE

Sentencia de la Audiencia Provincial de Madrid n.º 245/2024, de 24 de mayo, ECLI:ES:APM:2024:7696

Asunto: el desistimiento o incumplimiento en las arras penitenciales

«Es verdad que existen tres tipos de arras, y nadie duda, según se extrae además de lo pactado en el contrato, que en este caso se trata de penitenciales de las establecidas en el art. 1454 CC, ya que se señala respecto de las arras «cantidad que la parte compradora perderá si incumpliere lo convenido en este contrato, y la parte vendedora deberá devolver en el doble de su cuantía si incumpliera lo convenido por su parte en el presente contrato» (...) y aunque es cierto que este tipo de arras posibilita el desistimiento con pérdida de la cantidad o devolución duplicada, ocurre lo mismo para el supuesto de incumplimiento».

En resumen, el contrato de arras es un instrumento útil para asegurar la compraventa de una vivienda, pero es crucial entender sus implicaciones y asegurarse de que todas las condiciones y consecuencias estén claramente especificadas en el contrato.

4.
EL CONTRATO DE
COMPRAVENTA DE VIVIENDA

4.1. El contrato de compraventa, obligaciones básicas que conlleva y garantías

El contrato de compraventa es un **negocio jurídico por el cual uno de los contratantes se obliga a entregar una cosa determinada y el otro a pagar por ella un precio cierto, en dinero o signo que lo represente,** en virtud del artículo 1445 del Código Civil (en adelante, CC).

Este contrato viene regulado en el Código Civil, concretamente en su título IV. Por un lado, la naturaleza y forma del contrato está recogida en los artículos 1445 a 1450 del CC y, por otro, las obligaciones del comprador se encuentran en el artículo 1500.

Obligaciones de las partes y características del contrato de compraventa

En los contratos de compraventa siempre intervienen dos partes: el comprador y el vendedor. Ambos, pueden ser personas físicas o jurídicas.

Así, las **obligaciones de las partes** son las siguientes:

- De un lado, el comprador se obliga a pagar un precio, que puede ser en dinero o en especie.
- Por otro lado, el vendedor se obliga a entregar un objeto determinado en propiedad al comprador, en las condiciones en que estaba cuando se perfeccionó el contrato de compraventa. Es decir, cuando se identificó la cosa y se estableció el precio.

Además, los contratos de compraventa constan de las siguientes **características:**

– Son **principales**: porque existen por sí mismos, no necesitan otro contrato.

– Son **bilaterales**: establece obligaciones recíprocas entre las partes.

– Son **onerosos**: determina un precio y unas ventajas económicas para ambas partes.

A TENER EN CUENTA. Cabe reseñar la sentencia del Tribunal Supremo n.º 1037/2024, de 19 de julio, ECLI:ES:TS:2024:4111, que aclara el concepto de precio en los contratos de compraventa, indicando que se refiere a la cosa dineraria, al dinero, *«precio cierto en dinero o signo que lo represente»*, como así lo exige el artículo 1445 del CC. El artículo 1446 del CC también admite que parte del precio consista en otra cosa, pero tiene que venir reflejado así en el contrato, y, además, considerándose permuta el contrato en el que el precio no consistente en dinero sea de mayor valor que el dinerario.

– Son **traslativos de dominio**: ya que, junto con la entrega de la cosa se produce la transmisión de la propiedad.

– Son **consensuales**: requieren el acuerdo expreso, toda vez que, este tipo de contratos reflejan el acuerdo entre las partes, sin necesidad de la entrega de la cosa y el pago del precio. Es decir, es la firma del contrato la que expresa el acuerdo de la entrega y el precio. Cabe destacar que la falta de precio puede causar la nulidad del contrato de compraventa.

– Permiten la **libertad de forma**: es decir, la ley no exige una forma determinada. Sin embargo, es obligatorio para las partes mientras existan las condiciones esenciales para su validez.

– La entrega de la cosa es **pacífica**: porque el comprador se convierte en propietario cuando la recibe.

A TENER EN CUENTA. Resulta interesante, hacer un breve inciso para diferenciar entre los contratos de compraventa civiles (que son los que se han venido explicando hasta ahora) y los mercantiles. Estos últimos vienen regulados en el Código de Comercio. Concretamente, se encuentran en el libro II, en los artículos 325 y 326. Existen severas diferencias que deben tenerse en cuenta entre estos contratos, en resumen son: se regulan en Códigos distintos; la compraventa mercantil se refiere exclusivamente a cosas muebles (no se incluyen los inmuebles); la intención de la persona que compra mediante una compraventa mercantil es la de revender nuevamente las cosas adquiridas con ánimo de lucrarse con la reventa posterior (de enriquecerse); varía la entrega de la cosa; la transmisión del riesgo; el plazo de denuncia de los vicios ocultos; el plazo de prescripción para exigir el cumplimiento de la obligación; y, el devengo de intereses moratorios.

Garantías y prescripción

Para comenzar, **la garantía puede definirse como un plazo establecido por ley que permite a los compradores de viviendas reclamar por los daños causados debidos a una mala construcción.**

En cuanto a las garantías que asisten a los contratos de compraventa de vivienda, se puede indicar que es el vendedor el que garantiza al adquiriente cualquier contingencia que surja en el asunto que se vende, pudiendo ser derivada de hechos o actos realizados con anterioridad a la fecha de la venta. Por ende, el vendedor responde de la gestión pactada hasta la fecha de la venta, y el comprador a partir de la compra.

Asimismo, **la prescripción se regula en el CC como una institución jurídica en la que se manifiesta un determinado efecto jurídico por el transcurso de un período de tiempo dado.**

A continuación, se van a analizar los plazos de garantía y prescripción, en función de si el contrato de compraventa es de vivienda nueva o ya usada:

4.1.1. Vivienda nueva

Para comenzar, hay muchas personas consumidoras que optan por comprar una vivienda de nueva construcción, ya sea cuando está en fase de construcción o incluso, cuando no ha empezado ni a construirse —a esto se le llama «compra sobre plano»—.

Plazo de garantía

La garantía de construcción de obra nueva se encuentra recogida en la Ley 38/1999, de 5 de noviembre, de Ordenación de la Edificación (en adelante, LOE). En ella, particularmente en el artículo 17.1 de la LOE, se especifican tres plazos diferentes dependiendo de la gravedad del defecto:

- Para aquellos vicios o defectos de ejecución que afecten a elementos de terminación, se dispone de 1 año de garantía.

- Para los vicios o defectos de los elementos constructivos o de las instalaciones que afecten a la habitabilidad de la vivienda, 3 años de garantía.

- Y para los vicios o defectos que afecten a la cimentación, los soportes, las vigas, los forjados, los muros de carga u otros elementos estructurales, y que comprometan directamente la resistencia mecánica y la estabilidad del edificio, tienen una garantía de 10 años.

A TENER EN CUENTA. Cabe reseñar que estos plazos empiezan a correr en el momento en que el constructor le entrega el edificio a la promotora, no cuando se ha otorgado la escritura de vivienda. Es decir, si al momento de recibir la vivienda, ya había transcurrido un tiempo desde la entrega de construcción, se tendrá que restar este tiempo transcurrido a cada una de las tres garantías (se desarrollará más adelante).

En estos casos, lo más adecuado para el comprador es establecer un seguro o aval para cantidades entregadas a cuenta al promotor. Entre estas cantidades se incluyen los impuestos aplicables y el interés legal del dinero —estas cantidades deben ser depositadas en una cuenta especial separada del resto de fondos del promotor—. Así, aquellas cantidades aportadas por el comprador como seguro o aval, tendrán que ser devueltas en caso de incumplimiento, es decir, si la construcción no se llega a iniciar, o si no termina en el plazo determinado.

> **A TENER EN CUENTA.** En el supuesto de que exista un incumplimiento por parte del promotor, el comprador podría reclamar directamente a la entidad aseguradora.

Cabe reseñar que lo anterior debe constar en el contrato, lo que quiere significar que, en caso de que la construcción no se inicie, no se termine en el plazo convenido, o no se obtenga la cédula de habitabilidad, licencia de primera ocupación o documento equivalente, el promotor estaría obligado a devolver al comprador las cantidades entregadas a cuenta, además de los intereses legales; asimismo, debe constar que las cantidades entregadas a cuenta serán descontadas del precio total del inmueble una vez se produzca la entrega de llaves.

Además, en el documento del seguro, debe incluirse el nombre de la compañía aseguradora o entidad bancaria con la que el promotor ha suscrito el seguro o aval que garantizará la devolución de las cantidades anticipadas, así como, la cuenta constituida para que el comprador pueda depositarlas. Por ello, el comprador tiene que depositar tales cantidades en una cuenta independiente, que el vendedor sólo podrá utilizar para las atenciones derivadas de la construcción de la vivienda.

Es interesante tratar una cuestión, como ya se ha mencionado, y es que los plazos de garantía no se comienzan a computar desde que el comprador adquiere su vivienda de obra nueva, sino desde que se produce la llamada «recepción de la obra», de conformidad con el artículo 17.1 de la LOE. Asimismo, el artículo 6.5 de la LOE, indica lo siguiente:

> «El cómputo de los plazos de responsabilidad y garantía establecidos en esta Ley se iniciará a partir de la fecha en que se suscriba el acta de recepción, o cuando se entienda ésta tácitamente producida según lo previsto en el apartado anterior».

Interesa analizar el concepto de «recepción de obra» y su significado, pues está recogido en el artículo 6.1 de la LOE, que indica que la recepción de la obra es el acto por el cual el constructor, una vez concluida ésta, hace entrega de la misma al promotor y es aceptada por éste. Dicha recepción tendrá que consignarse en un acta firmada, al menos, por el promotor y el constructor.

Continúa el artículo 6 de la LOE, en su apartado cuarto, señalando que, salvo pacto expreso en contrario, la recepción de la obra tendrá lugar dentro de los treinta días siguientes a la fecha de su terminación, acreditada en el certificado final de obra. Cabe destacar que la recepción puede entenderse tácita si transcurridos treinta días desde que el constructor le notifica al promotor la finalización de la obra, éste no hubiera puesto de manifiesto reservas o rechazo motivado por escrito.

Por último, una vez tiene lugar la entrega definitiva de las llaves, y a su vez, de la nueva vivienda, las garantías de los responsables de la construcción de la vivienda sobre los desperfectos que puedan surgir durante los primeros años de la vivienda se mantienen.

Plazo de prescripción

Desde otra índole, sin perjuicio de que se establezcan estos plazos de garantía, la ley establece un plazo de prescripción de las acciones de exigencia de responsabilidad a las personas que corresponda por existir defectos en la construcción. Por ello, en virtud del artículo 18 de la LOE, el plazo de prescripción está fijado en dos años, a contar desde que se produzcan los daños.

A TENER EN CUENTA. Conviene reseñar que la reclamación al promotor no interrumpe la prescripción contra el arquitecto, arquitecto técnico, ingeniero, etcétera.

4.1.2. Vivienda usada

Habiendo explicado las garantías que asisten a los compradores de vivienda nueva, es momento de adentrarse en las que pertenecen a los compradores de vivienda usada.

No cabe duda de que el promotor es responsable incluso de los defectos de la construcción que se hallen dentro de los plazos de garantía legalmente establecidos, es decir, no lo es únicamente frente al comprador inicial de la vivienda de obra nueva. Lo que sucede en estos casos, es que en la vivienda comprada existen daños o desperfectos preexistentes y no conocidos por el comprador, lo que se conoce comúnmente como vicios ocultos, regulados en el artículo 1.484.1 del CC, que determina lo siguiente:

> «El vendedor estará obligado al saneamiento por los defectos ocultos que tuviere la cosa vendida, si la hacen impropia para el uso a que se la destina, o si disminuyen de tal modo este uso que, de haberlos conocido el comprador, no la habría adquirido o habría dado menos precio por ella; pero no será responsable de los defectos manifiestos o que estuvieren a la vista, ni tampoco de los que no lo estén, si el comprador es un perito que, por razón de su oficio o profesión, debía fácilmente conocerlos».

Entonces, no se podrá requerir al vendedor, cuando el inmueble vendido cumpla con los siguientes requisitos: que se ajuste a la calidad y descripción realizada por el vendedor; que sea apto para sus fines normales; que el inmueble disponga de las características que presentan bienes del mismo tipo, y que el comprador puede esperar.

Mientras que, si el inmueble de segunda mano comprado, una vez adquirido, presentase algún daño o defecto, como comprador, se tiene el derecho a reclamar al vendedor, siempre que: el daño o defecto sea anterior al momento de la compraventa y sea imposible para el comprador advertir la existencia del daño durante las visitas previas al inmueble. Por esto, el comprador puede exigirle al vendedor la reparación del daño o desperfecto, una reducción del precio o, una indemnización por los daños y perjuicios causados. También podría llegar a solicitarse la resolución del contrato.

Entonces, el artículo 1490 del CC establece un **plazo de garantía de seis meses** para reclamar por cualquier vicio o defecto oculto que pueda adolecer la vivienda —contados desde la entrega de la cosa vendida—, y del que no hubiese sido informado el comprador, toda vez que, de saberlo, hubiese afectado a su decisión de compra.

Asimismo, se establece un **plazo de prescripción de cinco años** para aquellas acciones personales que no tengan plazo especial —desde que pueda exigirse el cumplimiento de la obligación—, de conformidad con el artículo 1964.2 del CC (esto es, por incumplimiento del contrato). Este plazo de prescripción se debe a que el vendedor tiene la obligación de entregar la vivienda con las características acordadas en el contrato, incluidos su Memoria de Calidades y Planos, así como, en perfectas condiciones de habitabilidad.

A TENER EN CUENTA. La Ley 42/2015, de Reforma de la Ley de Enjuiciamiento Civil, reformó el artículo 1964 del Código Civil para reducir el plazo de prescripción de las acciones personales sin plazo específico, rebajándose de 15 a 5 años.

CUESTIÓN

¿Cuándo se entiende que se produce la entrega definitiva por el vendedor de la vivienda adquirida por el comprador?

Tal y como indica la sentencia del Tribunal Supremo n.º 527/2016, de 12 de septiembre, ECLI:ES:TS:2016:4052: *«la obligación de entrega presenta un doble aspecto: físico o material, consistente en la puesta en posesión que, en el caso de inmuebles puede entenderse producida por el otorgamiento de la escritura pública; y otro jurídico, que se refiere al cumplimiento de aquellas condiciones necesarias para que quede garantizada la posesión legal y pacífica de la cosa a favor del comprador».*

JURISPRUDENCIA

Sentencia del Tribunal Supremo n.º 778/2014, de 20 de enero, ECLI:ES:TS:2015:429

Asunto: garantizar la devolución de las cantidades anticipadas por los compradores y el incumplimiento contractual por el vendedor del plazo estipulado para la terminación y entrega de la vivienda

«En primer lugar, sobre el carácter accesorio o, por el contrario, esencial de la obligación del promotor-vendedor de garantizar la devolución de las cantidades anticipadas por los compradores es doctrina jurisprudencial reiterada que se trata de una obligación esencial mientras la vivienda no esté terminada y en disposición de ser entregada, de manera que su incumplimiento facultará al comprador para resolver el contrato e impedirá al vendedor resolverlo si el comprador no atiende los pagos parciales a cuenta del precio.

(...) procede declarar ahora que el incumplimiento por el vendedor del plazo estipulado para la terminación y entrega de la vivienda justifica, conforme al art. 3 de la Ley 57/68, la resolución del contrato a instancia del comprador, siempre que, como resulta de la sentencia del pleno de esta Sala de 5 de mayo de 2014, el derecho a resolver se ejercite por el comprador antes de ser requerido por el vendedor para el otorgamiento de escritura pública por estar la vivienda ya terminada y en disposición de ser entregada aun después de la fecha estipulada para su entrega.

Lo anterior significa que el art. 3 de la Ley 57/68 (LA LEY 994/1968) introduce, en los contratos comprendidos dentro de su ámbito de aplicación, una especialidad consistente en que el retraso en la entrega, aunque no sea especialmente intenso o relevante, constituye un incumplimiento del vendedor que justifica la resolución del contrato por el comprador. Esta especialidad, a su vez, determina que en el ámbito especial regulado por la Ley 57/68, no sea aplicable la doctrina jurisprudencial que, interpretando la norma de ámbito general del art. 1124 CC, considera que el retraso de una parte contratante en el cumplimiento de sus obligaciones no constituye, por regla general, un incumplimiento de tal grado que justifique la resolución del contrato a instancia de la otra parte contratante».

4.2. Los impuestos a pagar por la compra de una vivienda

La adquisición de una vivienda y sus implicaciones fiscales

La adquisición de una casa o de un piso, como la compra de casi cualquier cosa, tiene sus implicaciones a nivel fiscal. La más inmediata será, evidentemente, la correspondiente al impuesto que grave la operación de compraventa en sí; pero también existen otras más indirectas que no deben pasarse por alto y que conviene tener presentes antes de convertirse en propietario. En este epígrafe nos centraremos en su estudio.

Por una parte, veremos que, al comprar una vivienda, una de las partidas de gasto clave que el interesado tendrá que considerar es la relativa al impuesto que grave la adquisición en sí y que podrá ser el **Impuesto sobre el Valor Añadido (IVA) o el Impuesto sobre Transmisiones Patrimoniales (ITP)**. Se aplicará uno u otro, según los casos, pero no ambos. Es decir, la compraventa de una vivienda, como negocio de transmisión de la propiedad, estará sometida al IVA o al ITP, pero no a los dos. Que proceda uno u otro dependerá de distintos factores: la condición de particular o de profesional del vendedor, el carácter nuevo o usado de la vivienda, etc. Además, como la compraventa en principio se formalizará en documento ante notario, también habría que tributar por la formalización de ese documento, a través de la cuota de actos jurídicos documentados (AJD).

A TENER EN CUENTA. En realidad, tanto el ITP como la cuota de AJD son modalidades de un impuesto más amplio, que es el Impuesto sobre Transmisiones Patrimoniales y Actos Jurídicos (ITPyAJD). El ITPyAJD es un impuesto indirecto (esto es, que grava la capacidad económica puesta de manifiesto a través de un acto de consumo o de transmisión), que se subdivide en tres modalidades distintas:

- Una de ellas grava las transmisiones de bienes o derechos (sería la modalidad de transmisiones patrimoniales onerosas, comúnmente conocida como ITP o TPO).

- Otra sometería a tributación la formalización de determinados documentos «oficiales», como los notariales (sería la modalidad de actos jurídicos documentados, IAJD o AJD).

- Finalmente, la tercera modalidad gravaría determinadas operaciones realizadas por las sociedades, como su constitución o el aumento y disminución de su capital social (sería la modalidad de operaciones societarias, IOS).

Por lo tanto, cuando a lo largo de este epígrafe hagamos referencia al ITP, estaremos aludiendo a la primera de las modalidades indicadas del ITPyAJD; mientras que, si nos referimos a la cuota de AJD, estaremos aludiendo a la segunda de las modalidades.

Más allá de eso, la adquisición de la vivienda y el cambio de propietario que supone también pueden generar algunas **dudas sobre otras posibles consecuencias fiscales**, por ejemplo, en la declaración de la renta de los compradores (IRPF) o a la hora de asumir el pago de ciertos impuestos ligados a su titularidad (como el IBI). ¿Habrá que declarar la compra en el IRPF? ¿Habrá que pagar la «plusvalía municipal»? ¿Quién pagará el primer recibo del IBI? ¿Existe algún beneficio fiscal para quien se convierte en propietario de una vivienda? Todas estas cuestiones las veremos en el último de los epígrafes de este apartado, tras centrarnos en los impuestos que gravan la compraventa en sí.

4.2.1. Vendedor profesional: el IVA o el ITP

Tributación en caso de adquisición de vivienda a un empresario o profesional que actúa como tal

Normalmente, cuando se compra cualquier cosa a un empresario o profesional que la vende en el marco de su actividad económica, la operación se somete a tributación por el Impuesto sobre el Valor Añadido o IVA. Por ese motivo, es habitual que quien se plantea adquirir una vivienda a un profesional presuponga que esa operación también tributará por esa misma vía; pero no tiene por qué ser así.

En realidad, aunque la vivienda se compre a un empresario o sociedad que la transmita como parte de su actividad económica, la operación podrá tributar por el IVA o por la modalidad de transmisiones patrimoniales del ITP-yAJD (habitualmente denominada ITP). Que se aplique uno u otro impuesto dependerá, básicamente, de que se transmita una vivienda nueva o una vivienda usada. Más en concreto, lo relevante será ver si trata de una «primera entrega» de la vivienda o de una «segunda o posterior entrega».

Sin embargo, antes de entrar en todo ello, y como punto de partida, creemos necesario aclarar qué se considera como empresario o profesional a estos efectos.

A TENER EN CUENTA. Con respecto a las dudas que puedan surgir en cuanto al régimen de tributación indirecta de las operaciones inmobiliarias, como serían las compraventas de vivienda, la AEAT tiene a disposición de los contribuyentes un servicio de ayuda e información denominado «Calificador Inmobiliario», accesible a través de su sede electrónica. A través de dicho servicio, una vez especificado el tipo de operación y otra información que el asistente solicita, se indica, por ejemplo, si debe tributar por el IVA o el ITPyAJD, el tipo aplicable, a quién corresponde la declaración e ingreso del impuesto o si se debe repercutir IVA en la factura.

CUESTIÓN

¿Qué sucede si la operación se realiza en Canarias, Ceuta o Melilla y procediera el IVA?

Si la vivienda está situada en Canarias, Ceuta o Melilla, la operación no estaría sujeta al IVA, pues esos territorios cuentan con unos impuestos indirectos propios que, en principio, se aplican en lugar del IVA. En Canarias, se aplica el Impuesto General Indirecto Canario (IGIC); y, en Ceuta y Melilla, el Impuesto sobre la Producción, los Servicios y la Importación en las Ciudades de Ceuta y Melilla (IPSI). En su caso, habría que ver si la operación tendría que quedar sujeta a alguno de ellos de acuerdo con la Ley 20/1991, de 7 de junio, de modificación de los aspectos fiscales del Régimen Económico Fiscal de Canarias, y la Ley 8/1991, de 25 de marzo, por la que se aprueba el arbitrio sobre la producción y la importación en las ciudades de Ceuta y Melilla.

¿Cuándo estoy adquiriendo la vivienda a un empresario o profesional en el sentido que aquí nos interesa?

La mayoría de las ocasiones no es muy difícil saber si algo se está comprando a un empresario o a un particular. Sin embargo, en el caso de la compraventa de viviendas, existen algunas particularidades que no conviene pasar por alto. Pues bien, para delimitar el concepto de empresario o profesional a los efectos que aquí nos interesan debe acudirse a la normativa del IVA, que se contiene en la Ley 37/1992, de 28 de diciembre, del Impuesto sobre el Valor Añadido (en adelante, LIVA), y su reglamento, aprobado por el Real Decreto 1624/1992, de 29 de diciembre (en adelante, RIVA).

Así las cosas, en este ámbito se considerarían empresarios o profesionales, básicamente (artículo 5 de la LIVA):

– Las **personas o entidades que realicen actividades empresariales o profesionales** que impliquen una ordenación por cuenta propia de factores de producción materiales y humanos o de uno de ellos, con la finalidad de intervenir en la producción o distribución de bienes o servicios. Se excluyen quienes realicen exclusivamente entregas de bienes o prestaciones de servicios a título gratuito (sin contraprestación). En particular, y entre otras, tendrán tal consideración las actividades de comercio.

– Las **sociedades mercantiles**, salvo prueba en contrario.

– Quienes realicen una o varias entregas de bienes o prestaciones de servicios que supongan la explotación de un bien corporal o incorporal con el fin de obtener ingresos continuados en el tiempo; y, en concreto, los **arrendadores** de bienes.

– Quienes **lleven a cabo la urbanización de terrenos o la promoción, construcción o rehabilitación de edificaciones destinadas a su venta**, adjudicación o cesión por cualquier título, aunque sea ocasionalmente. A dicho respecto, la Dirección General de Tributos viene entendiendo que se considerará promotor de edificaciones el propietario de inmuebles que construyó (promotor-constructor) o contrató la construcción (promotor) de los mismos para destinarlos a la venta, el alquiler o el uso propio [entre otras, en su consulta vinculante (V0597-24), de 9 de abril de 2024].

Entrarían en esta categoría, por ejemplo, una sociedad que tiene múltiples viviendas en alquiler y decide vender una de ellas, o un empresario o empresa dedicados a la promoción y venta inmobiliaria. Es algo que parece lógico. Sin embargo, la norma señala que, a estos efectos, también tendrán la consideración de empresarios o profesionales las personas físicas particulares que hayan promovido, construido o rehabilitado una vivienda para su venta posterior. Y esa es una circunstancia muy relevante, puesto que, en principio, la adquisición de vivienda a particulares tributa por el ITP. Ahora bien, si el particular pasa a tener la consideración de empresario o profesional por darse las circunstancias que acaban de indicarse, la operación podría tributar por el ITP o por el IVA.

CUESTIONES

1. Mateo es informático por cuenta ajena y hereda una vivienda de su madre, recientemente fallecida. Tras realizar todos los trámites oportunos para adjudicarse la herencia y poner el inmueble a su nombre, decide rehabilitar la casa para venderla a un tercero. Cuándo finalmente la venda, ¿tendrá la consideración de particular o de empresario en la operación de compraventa?

En principio, Mateo no tiene la condición de empresario o profesional en términos generales ni se dedica a la actividad inmobiliaria. Sin embargo, como ha realizado una rehabilitación de la vivienda para después destinarla a la venta, con respecto a esa operación de compraventa, sí tendrá la consideración de empresario o profesional a efectos del IVA. Ello supondrá que el comprador de la vivienda deberá tributar por esa adquisición a través del IVA o del ITP (lo que dependerá de distintas circunstancias que se irán viendo en los siguientes puntos).

Si, en lugar de rehabilitar la vivienda para venderla, Mateo la hubiera vendido tal cual estaba, la normativa no lo consideraría como empresario o profesional a estos efectos y la adquisición tributaría por ITP directamente.

2. ¿El promotor de una vivienda para uso propio tiene la consideración de empresario o profesional a los efectos del IVA?

No, ya que no la destina a la venta, adjudicación o cesión por otro título.

‖ ¿Cómo saber qué impuesto se aplicará a la compra?

Como indicamos, cuando se compra la vivienda a un empresario o profesional en los términos señalados, la operación podrá tributar por el ITP o por el IVA, según los casos. Para saber si procede uno u otro, habrá que atender en primer término a la normativa del IVA; ya que en estos casos el ITP opera supletoriamente, como una especie de cajón de sastre en el que se encajan las operaciones de compraventa de vivienda que la Ley del IVA excluye de su ámbito.

Así, el artículo 20.Uno de la LIVA, que es el que establece determinadas exenciones en el impuesto, en su numeral 22.º declara **exentas de IVA** las **segundas y posteriores entregas de edificaciones, incluidos los terrenos en que se hallen enclavadas, cuando tengan lugar después de terminada su construcción o rehabilitación**. Por lo tanto, si la vivienda se transmite por quien tenga la consideración de empresario o profesional a los efectos del IVA (en los términos indicados en el epígrafe previo):

– Se aplicará el ITP cuando la compraventa constituya una segunda o posterior entrega exenta de IVA.

– Se aplicará el IVA en caso contrario, esto es, cuando se trate de una «primera entrega» o no proceda la exención de IVA.

En este sentido, se considera como **primera entrega** la **realizada por el promotor cuando la construcción o rehabilitación de la edificación esté terminada**, pero con una **excepción**: no será primera entrega la que realice el promotor después de que el inmueble se haya **utilizado de forma ininterrumpida por un plazo igual o superior a dos años por personas distintas del comprador** (como arrendatarios sin opción de compra o por otros títulos). A estos efectos, no se computarán los períodos de uso de edificaciones por los adquirentes de los mismos en los casos de resolución de las operaciones en cuya virtud se efectuaron las correspondientes transmisiones.

Por ejemplo, si el promotor vende una vivienda que, una vez terminada, tuvo arrendada sin opción de compra durante dos o más años de manera continuada, caben dos posibilidades: que esa venta suponga una primera entrega, cuando la compren los propios arrendatarios; que no se trate de una primera venta, en caso contrario (por ejemplo, si la tenía arrendada el propio promotor o un tercero distinto del comprador). A su vez, también cabe destacar que, si ninguno de los arrendamientos previos a la venta lo fueron de manera continuada por dos o más años (por ejemplo, si se alquiló a terceras personas para uso vacacional, de manera esporádica), no operaría la excepción antes mencionada y podría seguir tratándose de una primera entrega [así lo indica la consulta vinculante de la Dirección General de Tributos (V2314-22), de 2 de noviembre de 2022].

A TENER EN CUENTA. Los terrenos en que se hallen enclavadas las edificaciones comprenderán aquellos en los que se hayan realizado las obras de urbanización accesorias a las mismas. No obstante, tratándose de viviendas unifamiliares, los terrenos urbanizados de carácter accesorio no podrán exceder de 5.000 metros cuadrados.

Para conocer exactamente el alcance de la exención y cuándo procede, hay que tener presentes varias precisiones o reglas:

– Según el criterio de la Dirección General de Tributos, se considera terminada una edificación cuando era objetivamente apta para un uso concreto (oficinas, aparcamiento, vivienda, etc.), sin necesidad de que el adquirente realice obra adicional alguna [así lo indica, por ejemplo, en su consulta vinculante (V0597-24), de 9 de abril de 2024]. Por su parte, el Tribunal Económico-Administrativo Central ha señalado en alguna ocasión que «*el certificado final de obra emitido por el director de la ejecución de las obras es, con carácter general, un documento que permite acreditar que la edificación se encuentra terminada conforme con el proyecto para el que se obtuvo licencia. No obstante, se trata de una cuestión probatoria, por lo que cabe la posibilidad que una obra esté terminada y no se haya emitido aún el certificado final de obra, y al contrario, que exista dicho certificado, pero no esté terminada*»; si bien se trata de un criterio que todavía no constituye doctrina vinculante (resolución del TEAC n.º 655/2019, de 16 de diciembre de 2021).

– Son obras de rehabilitación de edificaciones las que reúnan los siguientes requisitos:

• Que su objeto principal sea la reconstrucción de las mismas, entendiéndose cumplido este requisito cuando más del 50 % del coste total del proyecto de rehabilitación se corresponda con obras de consolidación o tratamiento de elementos estructurales, fachadas o cubiertas o con obras análogas o conexas a las de rehabilitación (su concepto se define en puntos posteriores).

• Que el coste total de las obras a que se refiera el proyecto exceda del 25 % del precio de adquisición de la edificación si se hubiese efectuado aquella durante los dos años inmediatamente anteriores al inicio de las obras de rehabilitación o, en otro caso, del valor de mercado que tuviera la edificación o parte de la misma en el momento de dicho inicio. A estos efectos, se descontará del precio de adquisición o del valor de mercado de la edificación la parte proporcional correspondiente al suelo.

– Se considerarán obras análogas a las de rehabilitación las siguientes:

• Las de adecuación estructural que proporcionen a la edificación condiciones de seguridad constructiva, de forma que quede garantizada su estabilidad y resistencia mecánica.

• Las de refuerzo o adecuación de la cimentación, así como las que afecten o consistan en el tratamiento de pilares o forjados.

- Las de ampliación de la superficie construida, sobre y bajo rasante.
- Las de reconstrucción de fachadas y patios interiores.
- Las de instalación de elementos elevadores, incluidos los destinados a salvar barreras arquitectónicas para su uso por personas con discapacidad.

– Se considerarán obras conexas a las de rehabilitación las que se citan a continuación cuando su coste total sea inferior al derivado de las obras de consolidación o tratamiento de elementos estructurales, fachadas o cubiertas y, en su caso, de las obras análogas a estas, siempre que estén vinculadas a ellas de forma indisociable y no consistan en el mero acabado u ornato de la edificación ni en el simple mantenimiento o pintura de la fachada:

- Las obras de albañilería, fontanería y carpintería.
- Las destinadas a la mejora y adecuación de cerramientos, instalaciones eléctricas, agua y climatización y protección contra incendios.
- Las obras de rehabilitación energética. Se considerarán obras de rehabilitación energética las destinadas a la mejora del comportamiento energético de las edificaciones reduciendo su demanda energética, al aumento del rendimiento de los sistemas e instalaciones térmicas o a la incorporación de equipos que utilicen fuentes de energía renovables.

Por lo demás, existen determinados **supuestos en los que no se aplicará la exención** para las segundas y posteriores entregas. En concreto, no se aplicará:

– A las entregas de edificaciones que se produzcan en el **ejercicio de la opción de compra inherente a un contrato de arrendamiento, por empresas dedicadas habitualmente a realizar operaciones de arrendamiento financiero**, siempre que los contratos de arrendamiento financiero tengan una duración mínima de 10 años. A estos efectos, el compromiso de ejercitar la opción de compra frente al arrendador se asimilará al ejercicio de la opción de compra.

– A las entregas de edificaciones para su rehabilitación por el adquirente.

– A las entregas de edificaciones que sean objeto de demolición con carácter previo a una nueva promoción urbanística.

Finalmente, conviene resaltar que **la exención puede ser objeto de renuncia** cuando el adquirente sea un sujeto pasivo que actúe en el ejercicio de sus actividades empresariales o profesionales y se le atribuya el derecho a la deducción total o parcial del IVA soportado en la adquisición o, cuando no cumpliéndose lo anterior, en función de su destino previsible, los bienes adquiridos vayan a ser utilizados, total o parcialmente, en la realización de operaciones, que originen el derecho a la deducción. Es decir, básicamente se podrá renunciar a la exención cuando el adquirente sea un empresario o profesional que compre la vivienda en el marco de su actividad económica.

PARTICULAR COMPRA VIVIENDA A PROFESIONAL: ¿IVA O ITP?

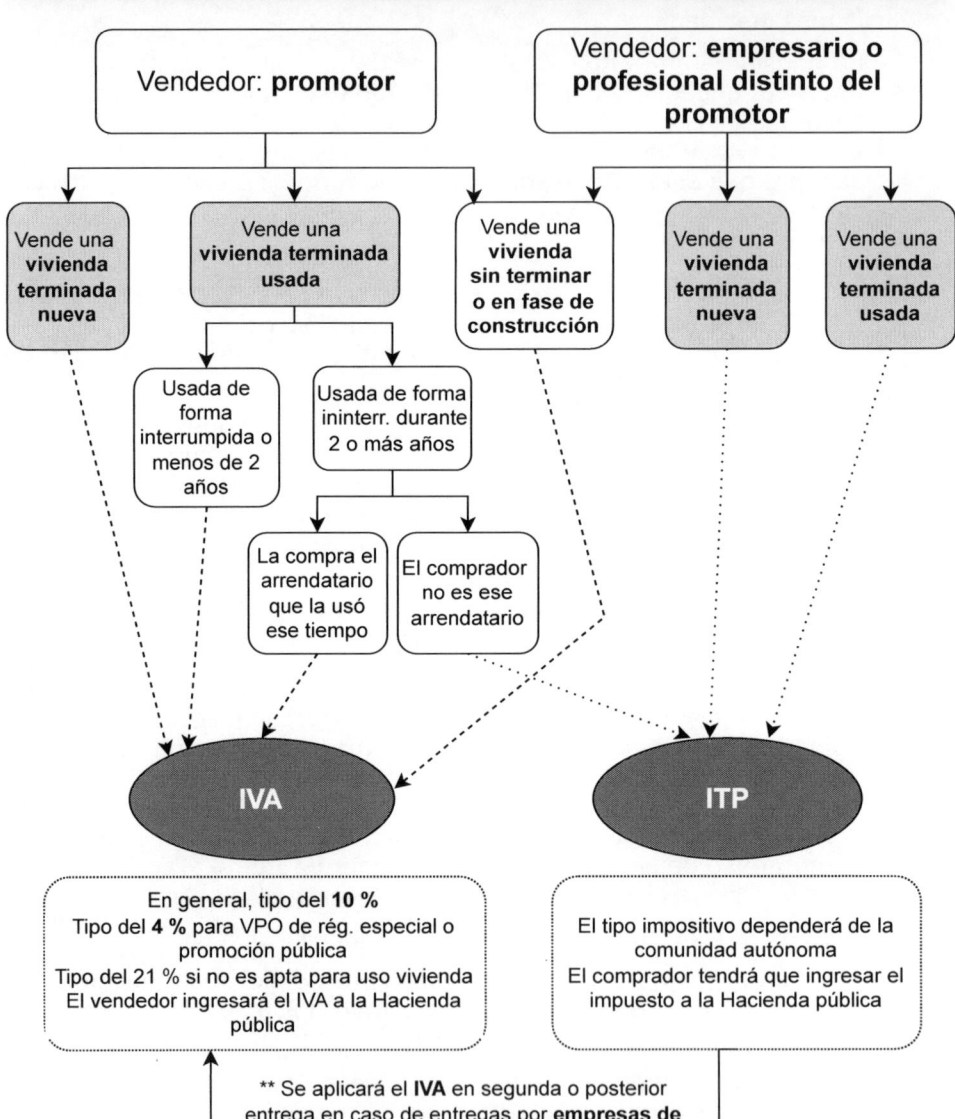

Vendedor: promotor

Vendedor: empresario o profesional distinto del promotor

Vende una **vivienda terminada nueva**

Vende una **vivienda terminada usada**

Vende una **vivienda sin terminar o en fase de construcción**

Vende una **vivienda terminada nueva**

Vende una **vivienda terminada usada**

Usada de forma interrumpida o menos de 2 años

Usada de forma ininterr. durante 2 o más años

La compra el arrendatario que la usó ese tiempo

El comprador no es ese arrendatario

IVA

ITP

En general, tipo del **10 %**
Tipo del **4 %** para VPO de rég. especial o promoción pública
Tipo del 21 % si no es apta para uso vivienda
El vendedor ingresará el IVA a la Hacienda pública

El tipo impositivo dependerá de la comunidad autónoma
El comprador tendrá que ingresar el impuesto a la Hacienda pública

** Se aplicará el **IVA** en segunda o posterior entrega en caso de entregas por **empresas de arrendamiento financiero en el ejercicio de la opción de compra** inherente a estos contratos (con duración mínima de 10 años), entregas para su **inmediata rehabilitación** o **demolición y posterior promoción**.

RESOLUCIÓN ADMINISTRATIVA

Consulta vinculante de la Dirección General de Tributos (V0071-24), de 15 de febrero de 2024

Asunto: el concepto de primera entrega abarca también ciertos supuestos de uso prudencial, tal y como establece la normativa del IVA.

«(...) el legislador ha querido que el uso de la vivienda durante un plazo prudencial —por lo menos, dos años— agote la primera entrega, pero, a la vez, ha establecido la cautela de que dicho uso no se compute y, por tanto, no agote la primera entrega, cuando se realice por quien será su propietario en última instancia, con el objetivo claro de evitar posibles esquemas de minoración artificial de la base imponible aprovechando indebidamente la exención del arrendamiento.

Ahora bien, debe significarse que el precepto se refiere de forma expresa a uso, entre otros, en virtud de contratos sin opción de compra; quiere ello decir que el uso en virtud de contratos con opción de compra, por muy dilatados o sucesivos en el tiempo que sean, no pueden agotar nunca la primera entrega. Este último aspecto es de gran importancia, ya que es determinante de que por más contratos que se sucedan de arrendamiento con opción de compra, (...) estos arrendamientos seguirán estando sujetos y no exentos del Impuesto como vía de traslado al consumo final del valor añadido de la promoción inicial».

CUESTIONES

1. Un promotor inmobiliario ha construido un edificio de viviendas, que ha destinado a diferentes fines una vez terminada la construcción:

- La vivienda A la vendió justo cuando se terminó la obra.
- La vivienda B la destinó a uso propio durante dos años y medio, y ahora la ha vendido a un tercero.
- La vivienda C la tuvo en arrendamiento sin opción de compra de forma continuada durante dos años y medio, y ahora la ha vendido a un tercero (distinto del arrendatario).
- La vivienda D la tuvo en arrendamiento sin opción de compra de forma continuada durante dos años y medio, y ahora se la ha vendido a ese arrendatario.
- La vivienda E la tuvo arrendada para uso turístico vacacional a lo largo de dos años y medio, de forma interrumpida, y ahora se vende.

¿Cada una de esas ventas de vivienda se considera «primera entrega» a efectos del IVA o no?

Tendrán la consideración de primera entrega a efectos del IVA las transmisiones de las viviendas A, D y E. En el primer supuesto es así porque se vende la vivienda terminada directamente, sin uso previo; en el caso de la vivienda D, porque se vende al arrendatario que la había venido usando de forma continuada; y en el supuesto de la vivienda E, porque, al haber estado alquilada para uso turístico vacacional, no estuvo arrendada de manera continuada durante dos o más años, sino en períodos interrumpidos.

Por el contrario, las viviendas B y C fueron utilizadas ininterrumpidamente durante un plazo superior a dos años por el propio promotor o por un arrendatario sin opción de compra diferente del comprador. Por lo tanto, su transmisión no tiene la consideración de primera entrega a efectos del IVA.

2. ¿A qué impuestos estará sometida la transmisión de las viviendas mencionadas en la cuestión anterior?

La venta de las viviendas A, D y E, al constituir una primera entrega, quedará sometida al IVA. La de las viviendas B y C, tributará por el ITP.

3. Luisa ha promovido una vivienda sobre un terreno de su propiedad, que se encuentra en fase de construcción. Va a venderla a un tercero en ese mismo estado. ¿Puede considerarse dicha compraventa como una «primera entrega» y quedar exenta de IVA?

No, si lo que se transmite es una edificación en fase de construcción no son aplicables los conceptos de primera o segunda entrega a que se refiere el artículo 20.Uno.22.º de la LIVA ni la exención que en dicho precepto se establece. La transmisión de una edificación en construcción o no terminada estará sujeta y no exenta de IVA, si se realiza por quien tenga la condición de empresario o profesional a los efectos de dicho impuesto (por ejemplo, aquellos que lleven a cabo la urbanización de terrenos o la promoción, construcción o rehabilitación de edificaciones destinadas a su venta, adjudicación o cesión por cualquier título, aunque sea ocasionalmente).

4. Dos partes celebraron un contrato de compraventa de vivienda que quedó sometido al IVA por tratarse de una primera entrega realizada por el promotor. El comprador pasó a residir en la vivienda, pero por incumplimiento de una de las condiciones a las que se sometía la compraventa, finalmente el negocio se resolvió, así que la adquisición ha quedado sin efecto. De cara a otra futura venta de esa misma vivienda, ¿el tiempo que ese primer comprador residió en la vivienda se computa para el plazo de dos años de uso que determina si la transmisión posterior constituirá también una «primera entrega» a efectos del IVA o no?

No, los períodos de uso de la vivienda por sus adquirentes en caso de resolución de la operación no se computan a dichos efectos.

Mecánica y tipos impositivos a aplicar cuando proceda el IVA

Cuando la operación tribute por IVA, el **adquirente o comprador será el que deba soportar el impuesto**, en la cuota que corresponda, que luego el vendedor ingresará en la Hacienda pública. La cuota de IVA a satisfacer será el resultado de multiplicar la base imponible (en este caso, el precio de compra, conforme al artículo 78 de la LIVA) por el tipo impositivo que en cada caso proceda; y que, en estos supuestos, normalmente será del 10 % o del 4 %.

A TENER EN CUENTA. Cuando quien compra la vivienda es un empresario o profesional que actúe en el marco de su actividad económica y se aplique el IVA (sea por renuncia a la exención o porque la exención no proceda), en algunos casos podría producirse una inversión del sujeto pasivo del impuesto, que supone que el obligado a declarar la operación y a ingresar el IVA a la Hacienda pública sea el comprador (que aquí sería un empresario o profesional). Es una posibilidad que se contempla en el artículo 84 de la LIVA y que se produciría, por ejemplo: cuando el empresario o profesional que compre la vivienda actuando como tal tuviera derecho a la exención en el IVA y se renuncie a ella; cuando el inmueble se le entregue en ejecución de la hipoteca o como consecuencia de un proceso concursal; o bien cuando se transmita con una hipoteca previa y el comprador se subrogue en ella. Sea como fuere, dado que en estos casos el adquirente sería un empresario o profesional actuando en el ejercicio de su actividad y que en la guía nos centramos en el estudio de las adquisiciones realizadas por personas físicas particulares, no entraremos en esta cuestión más a fondo.

Como **regla general,** se aplicará un tipo del **10 %** en las ventas de edificios o partes de los mismos aptos para su utilización como **viviendas, incluidas las plazas de garaje, con un máximo de dos unidades, y anexos en ellos situados que se transmitan conjuntamente** [artículo 91.Uno.7.º de la LIVA]. No se considerarán edificios aptos para su utilización como viviendas las edificaciones destinadas a su demolición a las que no se aplica la exención en IVA.

A estos efectos, se entiende que un bien inmueble tiene la consideración de parte de un edificio apta para su utilización como vivienda cuando disponga en el momento de la entrega de la correspondiente cédula de habitabilidad o licencia de primera ocupación y, objetivamente considerado, sea susceptible de ser utilizado como tal. Y también tendría esa condición el inmueble transmitido sin la concesión de dicho certificado si, en la fecha de la transmisión, se había solicitado la cédula de habitabilidad y esta se concede con posterioridad a la transmisión, sin que haya ninguna modificación en el estado y las condiciones que el inmueble tenía en el momento de la solicitud. Así resultaría, entre otras, de la consulta vinculante de la Dirección General de Tributos (V1706-24), de 11 de julio de 2024; y de la resolución del Tribunal Económico-Administrativo Central n.º 972/2018, de 21 de mayo de 2021.

Por otra parte, por lo que se refiere a los anexos o anejos de la vivienda, se consideran como tales, entre otros, además de las plazas de garaje, los sótanos, las buhardillas o trasteros, escaleras, porterías, así como pistas de deporte, jardines, piscinas y espacios de uso común en la propia parcela y que se transmitan simultáneamente con ellos [en ese sentido se pronuncia, por ejemplo, la consulta vinculante de la Dirección General de Tributos (V3026-14), de 5 de noviembre de 2014]. Sin embargo, no tendrán esa consideración los locales de negocio, aunque se transmitan conjuntamente con los edificios o parte de los mismos destinados a viviendas.

La tributación de la vivienda a este tipo del 10 % de IVA, siempre que se cumplan los requisitos indicados, no parece suscitar demasiadas dudas. Por el contrario, la de las plazas de garaje sí ha generado más controversia y requiere de una mayor explicación. Y es que, según la doctrina de la Dirección General de Tributos, para que la compra de plazas de garaje pueda tributar al tipo del 10 % de IVA será necesario que no excedan de dos y que se den las siguientes circunstancias:

– Que se transmitan conjuntamente con viviendas situadas en dichos edificios. Será indiferente que las entregas de viviendas y plazas de garaje se documenten o no en una misma escritura pública, o que se documenten mediante escrituras separadas, pues lo relevante, según lo indicado, es que la transmisión se efectúe de forma conjunta.

– Que se encuentren construidas en el subsuelo que ocupa toda la superficie de las zonas comunes de una promoción inmobiliaria, o en la superficie de dichas zonas comunes. Si el garaje no se encuentra en el subsuelo del edificio de viviendas, sino en superficie, también se entenderá cumplido el requisito, siempre y cuando el garaje pertenezca a la misma parcela que el edificio de viviendas. Sin embargo, si las plazas de garaje se hallasen en parcelas distintas con accesos independientes de las viviendas y sin vinculación alguna con ellas, las entregas de plazas de garaje tributarían al tipo impositivo del 21 % de IVA.

En conclusión, y por lo que se refiere a las plazas de garaje:

– Se aplicará el tipo del **10 % de IVA a la adquisición de viviendas y plazas de garaje (con un máximo de dos)** que se transmitan en el mismo acto y anexos en ellos situados; siempre que las plazas de garaje estén construidas en la superficie o el subsuelo de la misma parcela que ocupan los edificios y las zonas comunes de una promoción inmobiliaria.

– Se aplicará el **tipo general del 21 % de IVA a la compra de las plazas de garaje** cuando:

  • Cumplan el requisito antes indicado y se transmitan en el mismo acto, pero **excedan de dos** plazas por vivienda.

  • Estén **situadas en parcelas distintas con accesos independientes de las viviendas y sin vinculación** alguna con ellas.

  • **No se transmitan conjuntamente** con la vivienda.

Finalmente, se aplicará un IVA del **4 %** en caso de **viviendas de protección oficial de régimen especial o de promoción pública**. En particular, se aplicará este tipo en caso de compraventa de viviendas calificadas administrativamente como de protección oficial de régimen especial o de promoción pública, cuando las entregas se efectúen por sus promotores, incluidos los garajes y anexos situados en el mismo edificio que se transmitan conjuntamente; sin que el número de plazas de garaje pueda exceder de dos unidades [artículo 91.Dos.1.6.° de la LIVA].

A TENER EN CUENTA. También se aplica el tipo del 4 % de IVA cuando las viviendas se adquieran por sociedades que apliquen el régimen especial de entidades dedicadas al arrendamiento de vivienda en el Impuesto sobre Sociedades, siempre que a las rentas derivadas de su posterior arrendamiento les sea aplicable la bonificación establecida en el artículo 49.1 de la Ley del Impuesto sobre Sociedades.

CUESTIONES

1. Maira va a comprar una vivienda terminada a un promotor, con la consideración de primera entrega. La adquirirá conjuntamente con tres plazas de garaje. ¿Qué tipo impositivo de IVA corresponderá a la operación?

Se aplicará un tipo del 10 % de IVA a la adquisición de la vivienda y de dos plazas de garaje, mientras que la adquisición de la tercera plaza de garaje tributará al tipo general del 21 % de IVA.

2. ¿Qué tipo de IVA se aplicará en un contrato de arrendamiento con opción de compra de vivienda nueva?

Los arrendamientos con opción de compra de edificios o partes de los mismos destinados exclusivamente a viviendas, incluidas las plazas de garaje, con un máximo de dos unidades, y anexos en ellos situados que se arrienden conjuntamente, tributarán a un tipo general del 10 %. En caso de que se trate de viviendas calificadas administrativamente como de protección oficial de régimen especial o de promoción pública, se aplicará un tipo del 4 %. Así lo contemplan los apartados Uno.2.11.º y Dos.2.2.º del artículo 91 de la LIVA.

3. ¿Qué tipo de IVA se aplicará a la adquisición de una edificación en estado ruinoso, que va a ser objeto demolida para construir una nueva vivienda sobre ella?

En este caso, parece que la edificación que se compra no puede ser apta para su uso como vivienda, por lo que no podría aplicarse el tipo de IVA reducido del 10 % y la operación debería tributar al tipo general del 21 %.

4. Alonso va a comprar una vivienda para arrendarla como apartamento turístico y obtener así ingresos extra. Por las circunstancias de la operación, la compraventa se encontrará sujeta al IVA. Ahora bien, ¿qué tipo de IVA se aplicará?

Para que pueda aplicarse el tipo de IVA del 10 % es necesario que los edificios o partes de los mismos que se compran sean aptos para su utilización como viviendas. De lo contrario, en principio, procedería el tipo general del 21 %. La clave, por tanto, sería determinar si en este supuesto se cumple el requisito para aplicar el tipo reducido o no. A cuyo respecto la Dirección General de Tributos ha señalado lo siguiente [consulta vinculante (V1706-24), de 11 de julio de 2024]:

«(...) cuando la figura de los apartamentos turísticos ha sido objeto de una normativa limitadora por la comunidad autónoma que pudiera exigir una licencia de apertura y funcionamiento como apartamentos turísticos, que excluyese, en su caso, la expedición de la cédula de habitabilidad o licencia de primera ocupación, no cabe calificar los mismos como aptos para su utilización como viviendas.

No obstante, si la normativa autonómica aplicable no contiene previsiones como la citada en el párrafo anterior, por lo que, si los apartamentos turísticos disponen de cédula de habitabilidad o licencia de primera ocupación, la primera entrega de los mismos tributa al tipo impositivo reducido del 10 por ciento».

En esa medida, habrá que atender a la regulación a este respecto de la comunidad autónoma correspondiente.

Mecánica y tipos impositivos a aplicar cuando proceda el ITP

A nivel estatal, el ITPyAJD se encuentra regulado en el Real Decreto Legislativo 1/1993, de 24 de septiembre, por el que se aprueba el Texto refundido de la Ley del Impuesto sobre Transmisiones Patrimoniales y Actos Jurídicos Documentados (en adelante, LITPyAJD); y su reglamento, aprobado por el Real Decreto 828/1995, de 29 de mayo. Este impuesto, que comprende tres modalidades (una de las cuales es la de transmisiones patrimoniales onerosas), se encuentra cedido a las comunidades autónomas, que pueden asumir competencias normativas sobre los tipos impositivos aplicables a la transmisión de inmuebles (entre otras), las deducciones y las bonificaciones de la cuota (artículo 49 de la Ley 22/2009, de 18 de diciembre). Por ese motivo, cuando la compraventa de la vivienda deba tributar por el Impuesto sobre Transmisiones Patrimoniales (ITP), los tipos impositivos a aplicar **dependerán de la comunidad autónoma en la que se encuentre situado el inmueble**.

Al igual que sucedía con el IVA, **el obligado al pago del impuesto será el adquirente** [artículo 8.a) de la LITPyAJD]. Ahora bien, a diferencia del IVA, que se ingresa al Tesoro público por el vendedor, en este caso será el propio comprador el que deba **declarar el impuesto e ingresar su cuota a la Hacienda pública autonómica** (artículo 51 de la LITPyAJD). La cuota del impuesto será el resultado de aplicar el tipo impositivo que corresponda sobre la base (normalmente será el valor de referencia establecido por Catastro, el precio acordado o el valor declarado por el interesado, lo que sea superior; aunque en ciertos casos ese importe puede verse reducido por algún beneficio fiscal que pudiera haber aprobado la comunidad autónoma y que resulte de aplicación).

A TENER EN CUENTA. La base imponible del ITP, en el caso de inmuebles (como sería una vivienda), será el valor de referencia previsto en la normativa reguladora del Catastro inmobiliario, a la fecha de devengo del impuesto. Ahora bien, si el valor del inmueble declarado por los interesados, el precio pactado o ambos son superiores a su valor de referencia, se tomará como base imponible la mayor de estas magnitudes. Cuando no exista valor de referencia o este no pueda ser certificado por la Dirección General del Catastro, la base imponible, sin perjuicio de la comprobación administrativa, será la mayor de las siguientes magnitudes: el valor declarado por los interesados, el precio o contraprestación pactada o el valor de mercado. Así lo establece el artículo 10.2 de la LITPyAJD.

El ITP se devenga el día en el que se realice el acto o contrato. En la normativa estatal, se establece que las declaraciones tendrán que presentarse en un plazo de 30 días hábiles a contar desde que se cause el acto o contrato (artículo 102.1 del RITPyAJD). Sin embargo, como tendrá que presentarse en la Agencia Tributaria de la comunidad autónoma en la que se encuentre el inmueble, es posible que existan algunas variaciones entre ellas y lo mejor sería consultar a través de su sede electrónica o en su normativa propia de qué concreto plazo se dispone; pues, por ejemplo, algunas regiones prevén directamente plazos de un mes.

Para conocer el concreto tipo impositivo que resultará de aplicación en cada caso habrá que atender a la normativa de ITP propia de cada comunidad autónoma, aunque también pueden consultarse fácilmente a través de la sede electrónica de la Agencia tributaria autonómica que corresponda. Todas ellas tienen regulados sus propios tipos y, con carácter general, lo que hacen es configurar un tipo general para la transmisión de inmuebles y luego establecer algunos tipos reducidos, que procederán cuando se cumplan determinados requisitos (por ejemplo, es frecuente que se establezcan para la adquisición de la vivienda habitual, para personas jóvenes, para personas con discapacidad o para la compra de viviendas de protección oficial). Normalmente los tipos generales suelen oscilar entre el 6 y el 11 o 13 %, mientras que los reducidos pueden bajar hasta el 4, el 1 o incluso el 0 % en ciertos supuestos.

Como decimos, las distintas comunidades autónomas tienen regulados sus propios tipos del ITP para el supuesto de transmisión de inmuebles. Sin embargo, si no lo hubieran hecho, la normativa estatal prevé un tipo subsidiario general del 6 % para ese tipo de transmisiones.

Por último, y al margen de los tipos reducidos que las comunidades autónomas puedan haber regulado en sus respectivos territorios, lo cierto es que también **pueden haberse establecido otros beneficios fiscales concretos para determinadas situaciones o colectivos**. Por ejemplo, y por lo que aquí interesa, a nivel estatal se declaran exentas las escrituras públicas otorgadas para formalizar la primera transmisión de viviendas de protección oficial, una vez obtenida la calificación definitiva [artículo 45.I.B).12.c) de la LITPyAJD]. Sin embargo, las comunidades autónomas pueden haber configurado otros beneficios fiscales, a través de deducciones, bonificaciones u otras vías, cuya aplicación se somete a requisitos. De ahí la importancia de consultar las páginas informativas de cada una de las Agencias tributarias autonómicas.

CUESTIONES

1. ¿El valor catastral es lo mismo que el valor de referencia?

No, son dos valores distintos. El valor catastral se actualiza, en su caso, por las leyes de Presupuestos Generales del Estado y sirve de base imponible para el Impuesto sobre Bienes Inmuebles (IBI). Por su parte, el valor de referencia se determina año a año para cada inmueble y sirve para determinar la base imponible del ITPyAJD y del Impuesto sobre Sucesiones y Donaciones (ISD). El primero es un dato protegido, el segundo no.

2. ¿Cómo conocer el valor de referencia de una vivienda?

El valor de referencia es un valor que se determina para cada inmueble por la Dirección General del Catastro de manera objetiva y con el límite del valor de mercado, considerando los datos obrantes en el Catastro y los precios comunicados por los notarios en las compraventas.

Puede conocerse a través de la sede electrónica del Catastro (www.sedecatastro.gob), identificándose por los datos del DNI, con certificado digital o a través de Cl@ve. Además, según se indica en la propia sede, los valores de referencia también se facilitan a través de la Línea Directa del Catastro y en las Gerencias del Catastro, a las que puede acudirse con cita previa. Para ello será necesario identificarse a través del DNI.

4.2.2. Vendedor particular: el ITP

Tributación de la adquisición de una vivienda a un vendedor que no actúa como empresario o profesional

Cuando la vivienda se adquiere a un **particular o a una persona jurídica que no actúa como empresario o profesional** (como una asociación, una fundación o un ente público), la adquisición no tributará por el IVA, sino que lo hará por la modalidad de transmisiones patrimoniales onerosas del ITPyAJD. Es decir, estará sujeta a lo que normalmente se conoce como **ITP**.

A este respecto, conviene precisar que al hacer referencia a la venta por «particulares» estaríamos comprendiendo todos aquellos supuestos en los que la vivienda se transmite por personas que no tengan la consideración de empresarios o profesionales a los efectos del IVA. Es decir, en este epígrafe analizaremos la tributación en los supuestos que constituyen el reverso de los vistos en el apartado previo: no se incluirían, por tanto, las ventas realizadas por quienes se reputen empresarios o profesionales según las reglas del artículo 5 de la LIVA, ya estudiadas.

Evidentemente, un promotor profesional que venda la vivienda en el marco de su actividad no encajaría nunca en este apartado, ni tampoco una sociedad inmobiliaria. Sin embargo, en otros casos, la frontera entre lo que la normativa del IVA considera empresario o profesional y lo que no puede ser más dudosa, de ahí que parezca conveniente recordar dos supuestos en los que personas que, aparentemente son particulares, en realidad se considerarían empresarios o profesionales a los efectos que aquí nos interesan:

- Quienes realicen una o varias entregas de bienes o prestaciones de servicios que supongan la explotación de un bien corporal o incorporal con el fin de obtener ingresos continuados en el tiempo; y, en concreto, los arrendadores de bienes.

- Aquellos que lleven a cabo la urbanización de terrenos o la promoción, construcción o rehabilitación de edificaciones destinadas a su venta, adjudicación o cesión por cualquier título, aunque sea ocasionalmente. A dicho respecto, la Dirección General de Tributos viene entendiendo que se considerará promotor de edificaciones el propietario de inmuebles que construyó (promotor-constructor) o contrató la construcción (promotor) de los mismos para destinarlos a la venta, el alquiler o el uso propio [entre otras, en su consulta vinculante (V0597-24), de 9 de abril de 2024].

Es decir, cuando una persona que, en principio, parecería un particular, vende una vivienda y concurren algunas de las dos situaciones indicadas (haber llevado a cabo la urbanización, promoción, construcción o rehabilitación de la misma para su venta, o haberla arrendado, por ejemplo), en realidad tendrá la consideración de empresario o profesional a los efectos del IVA.

|| Mecánica y tipo impositivo a aplicar

El obligado al pago del Impuesto sobre Transmisiones Patrimoniales será el **adquirente**, que deberá presentar la correspondiente declaración por el impuesto y proceder a su ingreso a la Hacienda pública autonómica del lugar en el que radique la vivienda [artículos 8.a) y 51 de la LITPyAJD]. La cuota del ITP a pagar se obtendrá aplicando el tipo impositivo que corresponda a la base imponible (normalmente será el valor de referencia establecido por Catastro, el precio acordado o el valor declarado por el interesado, lo que sea superior; aunque en ciertos casos ese importe puede verse reducido por algún beneficio fiscal que pudiera haber aprobado la comunidad autónoma y que resulte de aplicación).

A TENER EN CUENTA. La base imponible del ITP, en el caso de inmuebles (como sería una vivienda), será el valor de referencia previsto en la normativa reguladora del Catastro inmobiliario, a la fecha de devengo del impuesto. Ahora bien, si el valor del inmueble declarado por los interesados, el precio pactado o ambos son superiores a su valor de referencia, se tomará como base imponible la mayor de estas magnitudes. Cuando no exista valor de referencia o este no pueda ser certificado por la Dirección General del Catastro, la base imponible, sin perjuicio de la comprobación administrativa, será la mayor de las siguientes magnitudes: el valor declarado por los interesados, el precio o contraprestación pactada o el valor de mercado. Así lo establece el artículo 10.2 de la LITPyAJD.

El ITP se devenga el día en el que se realice el acto o contrato. Según establece la normativa estatal del impuesto, las declaraciones tendrán que presentarse en un plazo de 30 días hábiles a contar desde que se celebre el acto o contrato (artículo 102.1 del RITPyAJD). Sin embargo, como se trata de un impuesto cedido a las comunidades autónomas que tendrá que presentarse ante la Agencia Tributaria de la región en la que se encuentre el inmueble, pueden existir algunas variaciones entre ellas y lo mejor sería consultar a través de su sede electrónica o en su normativa propia de qué concreto plazo se dispone. Por ejemplo, algunas regiones establecen directamente un plazo de un mes.

Por lo demás, para conocer el tipo impositivo de aplicación en cada caso habrá que acudir a la **normativa sobre ITPyAJD de la comunidad autónoma en la que está situado el inmueble**, aunque también pueden consultarse fácilmente a través de la sede electrónica de la Agencia Tributaria autonómica de que se trate. Todas ellas tienen regulados sus propios tipos y, con carácter general, lo que hacen es configurar un tipo general para la transmisión de inmuebles y luego establecer algunos tipos reducidos, que procederán cuando se cumplan determinados requisitos (por ejemplo, es frecuente que se establezcan para la adquisición de la vivienda habitual, para personas jóvenes, para personas con discapacidad o para la compra de viviendas de protección oficial). Normalmente los tipos generales suelen oscilar entre el 6 y el 11 o 13 %, mientras que los reducidos pueden bajar hasta el 4, el 1 o incluso el 0 % en ciertos supuestos.

Como decimos, las distintas comunidades autónomas tienen regulados sus propios tipos del ITP para el supuesto de transmisión de inmuebles. Sin embargo, si no los hubieran establecido, la normativa estatal prevé un tipo subsidiario general del 6 % para ese tipo de transmisiones.

Paralelamente, pueden haberse establecido **beneficios fiscales concretos para determinadas situaciones o colectivos.** Por ejemplo, y por lo que aquí interesa, a nivel estatal se declaran exentas las escrituras públicas otorgadas para formalizar la primera transmisión de viviendas de protección oficial, una vez obtenida la calificación definitiva [artículo 45.I.B).12.c) de la LITPyAJD]. Igualmente, se declaran exentas las transmisiones de edificaciones a las empresas que realicen habitualmente las operaciones de arrendamiento financiero para ser objeto de arrendamiento con opción de compra a persona distinta del transmitente, cuando dichas operaciones estén exentas del IVA; siempre que no exista relación de vinculación entre transmitente, adquirente o arrendatario [artículo 45.I.B).16 de la LITPyAJD].

Las comunidades autónomas también pueden haber configurado otros beneficios fiscales, a través de deducciones, bonificaciones u otras vías, cuya aplicación se somete a requisitos, que pueden conocerse a través de las sedes electrónicas de sus agencias tributarias (además de acudiendo directamente a la normativa autonómica, por supuesto).

4.2.3. La formalización de la compraventa en escritura y su tributación

¿Está sujeta a la modalidad de actos jurídicos documentados la escritura de compraventa?

En principio, la adquisición de una vivienda podría realizarse a través de un contrato privado de compraventa. Sin embargo, ese tipo de contratos no tienen acceso al registro de la propiedad. Para que la adquisición de un inmueble sea inscribible, con la protección que ello supone frente a terceros, será necesario que la **compraventa se formalice en escritura pública otorgada ante notario**. Aunque, en realidad, las ventajas de la escritura pública frente al contrato privado van más allá de esa, puesto que la escritura tiene otros efectos jurídicos relevantes de los que carecen los contratos privados, que dotan a la operación de una mayor seguridad (por ejemplo, la escritura es un instrumento que transmite la propiedad por sí mismo y es directamente ejecutable ante los tribunales).

Sea como fuere, lo cierto es que en esta guía nos estamos refiriendo a la compra de vivienda financiada con un préstamo hipotecario, por lo que el margen de maniobra en este sentido es prácticamente nulo. Según la normativa civil e hipotecaria, para que la hipoteca quede válidamente constituida y surta plenos efectos tiene que formalizarse en escritura pública e inscribirse en el registro de la propiedad, así que será necesario que el inmueble sobre el que se constituye conste inscrito también en dicho registro para que la hipoteca despliegue sus plenos efectos. De ahí que tanto la compraventa de la propia vivienda como la constitución de la hipoteca sobre la misma (como garantía para la devolución del préstamo) se formalicen ante notario, en escritura pública.

Y, justamente, el hecho de que se otorgue una escritura pública implica la entrada en juego de la segunda de las modalidades del Impuesto sobre Transmisiones Patrimoniales y Actos Jurídicos Documentados. No en vano, este impuesto, en su **modalidad de actos jurídicos documentados o AJD**, somete a gravamen los documentos notariales en determinados términos. En concreto, estarán sujetas a esta modalidad las escrituras, actas y testimonios notariales que reúnan una serie de requisitos.

Esta modalidad del impuesto se satisface mediante una cuota fija y una cuota variable, que en el caso de los documentos notariales serán las siguientes (apartados 1 y 2 del artículo 31 de la LITPyAJD):

– **Cuota fija**. Esta cuota del impuesto se refiere al papel timbrado en el que se extienden los documentos notariales. Las matrices y las copias de las escrituras y actas notariales, así como los testimonios, se extenderán, en todo caso, en **papel timbrado de 0,30 euros por pliego o 0,15 euros por folio**, a elección del fedatario. Las copias simples no estarán sujetas al impuesto; pero esta cuota fija también se aplicará a la segunda y sucesivas copias expedidas a nombre de un mismo otorgante.

– **Cuota variable o gradual**. Las primeras copias de escrituras y actas notariales, cuando tengan por objeto una cantidad o cosa valuable, contengan actos o contratos inscribibles en el registro de la propiedad (u otros registros que especifica la norma) y no sujetos al Impuesto sobre Sucesiones y Donaciones o a los conceptos comprendidos en las modalidades de transmisiones patrimoniales onerosas o de operaciones societarias del ITPyAJD, también tributarán al **tipo de gravamen que haya sido aprobado por la correspondiente comunidad autónoma**. Si la comunidad autónoma no hubiese aprobado dicho tipo, se aplicará el **0,50 %**.

Por lo tanto, al formalizarse la compraventa en escritura pública parece claro que **habrá que satisfacer la cuota fija de la modalidad de AJD**. Sin embargo, **solo habrá que tributar por la cuota variable cuando la compraventa no estuviera gravada por el ITP**, pues la cuota variable y la modalidad de ITP son incompatibles.

Sería así porque para que proceda la cuota variable deben concurrir cuatro requisitos (todos ellos):

– Que se trate de primeras copias de escrituras y actas notariales. Este requisito se cumple.

– Que el documento tenga por objeto cantidad o cosa valuable. La escritura tiene por objeto la transmisión de la propiedad de una vivienda o inmueble, valorable en dinero, por lo que también concurriría este segundo requisito.

– Que el documento contenga actos o contratos inscribibles en los registros de la propiedad, mercantil, de la propiedad industrial y de bienes muebles. Dicho requisito también concurriría, pues el inmueble que se adquiere sería susceptible de ser inscrito en el registro de la propiedad.

– Que no sean actos sujetos al Impuesto sobre Sucesiones y Donaciones o a los conceptos comprendidos en las modalidades de transmisiones patrimoniales onerosas o de operaciones societarias del ITPyAJD. La clave, por tanto, estaría en este cuarto requisito; ya que, según se ha estudiado en los epígrafes anteriores, la compraventa de la vivienda en sí podrá tributar por dos vías: a través del IVA o a través de la modalidad de transmisiones patrimoniales onerosas del ITPyAJD (el ITP). Por esa razón, solo procede la cuota variable de AJD cuando la compraventa no estuviera sujeta al ITP. O, lo que es lo mismo, se pagará la cuota variable si la adquisición estuviera gravada por el IVA.

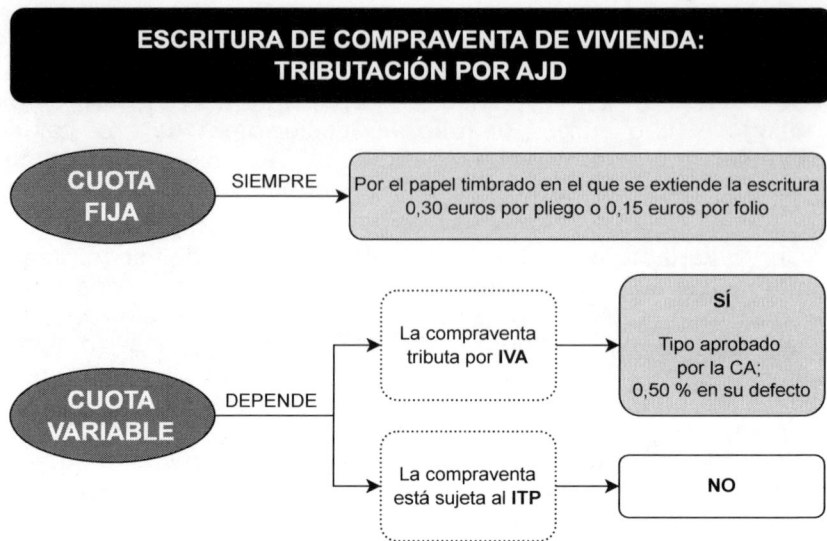

El **adquirente** será el que deba hacerse cargo de las cuotas de la modalidad de AJD que correspondan (artículo 29 de la LITPyAJD).

Por otra parte, el importe a satisfacer por la cuota fija será el que corresponda según los pliegos o folios de papel timbrado en los que se extienda la escritura. En el caso de la cuota variable (cuando proceda), la base imponible sobre la que se aplicará el tipo que corresponda la constituirá el valor declarado, sin perjuicio de que pueda existir una comprobación administrativa. Eso sí, como se trata de bienes inmuebles, el valor que se considere no podrá ser inferior al determinado según las reglas aplicables en la modalidad de transmisiones patrimoniales onerosas del ITPyAJD.

> **A TENER EN CUENTA.** Recordamos en este punto que la base imponible de los inmuebles en el ITP será el valor de referencia previsto en la normativa reguladora del Catastro inmobiliario, a la fecha de devengo del impuesto. Ahora bien, si el valor del inmueble declarado por los interesados, el precio pactado o ambos son superiores a su valor de referencia, se tomará como base imponible la mayor de estas magnitudes. Cuando no exista valor de referencia o este no pueda ser certificado por la Dirección General del Catastro, la base imponible, sin perjuicio de la comprobación administrativa, será la mayor de las siguientes magnitudes: el valor declarado por los interesados, el precio o contraprestación pactada o el valor de mercado. Así resulta del artículo 10.2 de la LITPyAJD.

La normativa estatal del impuesto establece que las declaraciones del impuesto tendrán que presentarse en un plazo de 30 días hábiles a contar desde que se celebre el acto o contrato (artículo 102.1 del RITPyAJD). No obstante, y como sucedía también en la modalidad de ITP, al tratarse de un impuesto cedido que habrá que presentar en la Agencia Tributaria autonómica que corresponda, es conveniente consultar si su normativa propia establece alguna singularidad a este respecto (pues, por ejemplo, muchas comunidades pueden establecer directamente un plazo de un mes).

También habrá que atender a la normativa propia de la comunidad autónoma o a la página web de su Agencia Tributaria para conocer el tipo de la cuota variable de AJD que se aplicará en cada caso. Normalmente, cada comunidad regula un tipo general y luego algunos más reducidos para determinados supuestos, siempre que se cumplan los requisitos estipulados (por ejemplo, para la adquisición de vivienda habitual, para la adquisición de vivienda por personas con discapacidad o jóvenes, familias numerosas, etc.).

Finalmente, es conveniente valorar la posibilidad de que se haya previsto algún beneficio fiscal al que pueda tenerse derecho. Por ejemplo, la normativa estatal del impuesto declara exentas las escrituras públicas otorgadas para formalizar la primera transmisión de viviendas de protección oficial, una vez obtenida la calificación definitiva [artículo 45.I.B).12.c) de la LITPyAJD]. Además, las comunidades autónomas también pueden haber configurado otros beneficios fiscales, a través de deducciones, bonificaciones u otras vías, cuya aplicación normalmente se somete a requisitos y que pueden conocerse a través de las sedes electrónicas de sus Agencias Tributarias (además de acudiendo a la propia normativa autonómica, por supuesto).

CUESTIONES

1. ¿Qué modelo tributario se utiliza para autoliquidar el ITPyAJD?

Con carácter general, habrá que utilizar el modelo 600 que haya aprobado la correspondiente comunidad autónoma. Sin embargo, como la gestión del impuesto es autonómica, cada región es competente para aprobar sus modelos de declaración y alguna puede haber establecido otro distinto o específico para este supuesto, así que debe consultarse su normativa o la sede electrónica de su agencia tributaria.

2. Si el ITPyAJD está cedido a las comunidades autónomas, ¿qué sucede con él en Ceuta y Melilla? ¿Tienen normativa propia?

Aunque el ITPyAJD es un impuesto cedido a las comunidades autónomas, las ciudades autónomas de Ceuta y Melilla no han asumido estas competencias. Por lo tanto, el impuesto en dichos territorios se gestiona a través de las Delegaciones de la AEAT. La normativa estatal del impuesto contempla determinados beneficios fiscales específicos para estas dos ciudades.

3. Sara compra una vivienda nueva a su promotor. La operación constituye una primera entrega a efectos del IVA y tributa por dicho impuesto. La compraventa se formaliza en escritura pública ante notario, por un precio de 130.000 euros más 13.000 euros en concepto de IVA. El precio pagado es superior al valor de referencia de la vivienda. Sara tiene claro que tendrá que pagar la cuota fija de la modalidad de actos jurídicos documentados del ITPyAJD, por el papel timbrado en el que se extiende la escritura, pero: ¿tributará también por la cuota variable de AJD? Si el tipo de gravamen que la normativa autonómica establece en este caso para la cuota variable de AJD es del 1,5 %, ¿cuánto pagará por ese concepto?

Sí, tendrá que hacerlo, ya que la transmisión de la vivienda no estuvo sujeta al ITP, sino al IVA, y concurren los demás requisitos necesarios para que entre en juego la cuota variable o gradual de AJD.

Para determinar cuánto tendrá que pagar Sara por la cuota variable de AJD, habrá que aplicar el tipo correspondiente (del 1,5 %) a la base imponible (130.000 euros), lo que arrojaría la cifra de 1.950 euros.

4. Moisés es empresario y, actuando en el marco de su actividad, compra un apartamento en escritura pública ante notario. En principio, se trata de una segunda entrega, así que la operación quedaría exenta de IVA y tendría que tributar por el ITP. Sin embargo, como el comprador adquiere el inmueble en el ejercicio de su actividad empresarial y tiene derecho a deducirse el IVA soportado, decide renunciar a la exención del IVA, de modo que la adquisición tribute por IVA (y no por ITP). ¿Deberá pagar la cuota variable de AJD?

En principio, la compraventa de Moisés estaría exenta de IVA y debería tributar por el ITP. No obstante, como el comprador es empresario y se cumplen los requisitos que el artículo 20.Dos de la LIVA establece para que pueda renunciarse a la exención de IVA, la operación queda sujeta al IVA. Por lo tanto, *a priori* parece que se cumplirían los requisitos para que proceda la cuota variable de AJD.

4.2.4. Otras implicaciones fiscales al comprar una vivienda

La adquisición de una vivienda y sus efectos en el ámbito de otros impuestos

Es evidente que la compra de una vivienda, como la de un vehículo u otro bien de cierta entidad, tiene una serie de implicaciones fiscales que van más allá del impuesto que grave la adquisición en sí de esa propiedad. En principio, el nuevo titular tendrá que hacerse cargo de los impuestos u obligaciones tributarias que recaigan sobre ese bien a partir del momento en el que se verifique la transmisión a su favor, así como tener en cuenta ese bien cuando cumpla con sus obligaciones fiscales en relación con otros impuestos, como podrían ser el IRPF o el Impuesto sobre el Patrimonio (IP).

En este epígrafe nos referiremos a ello y trataremos de resolver las principales dudas que con frecuencia surgen a los nuevos propietarios de una vivienda.

A TENER EN CUENTA. Nos centraremos en las consecuencias fiscales básicas que corresponden al comprador como consecuencia de la adquisición de la vivienda, sin entrar en los casos en los que existan deudas tributarias pendientes del vendedor por las que pudiera tener que responder el comprador en alguna medida (IBI, afecciones del inmueble al pago de impuestos, etc.), ya que lo relativo a las deudas pendientes (incluidas las tributarias) ya fue objeto de estudio en el epígrafe 2.3 de la guía, titulado «Existen deudas pendientes: ¿qué pasa con ellas?».

|| El pago del IBI de la vivienda en el año de adquisición

El Impuesto sobre Bienes Inmuebles o IBI es un impuesto directo que grava el valor de determinados derechos, incluido el derecho de propiedad, si recaen sobre bienes inmuebles rústicos, urbanos y de características especiales. Por lo tanto, la propiedad de una vivienda está sometida a este gravamen.

El IBI se regula en los artículos 60 y siguientes del Real Decreto Legislativo 2/2004, de 5 de marzo, por el que se aprueba el texto refundido de la Ley Reguladora de las Haciendas Locales (LRHL). Es un **impuesto que se recauda por el ayuntamiento** del municipio en el que radique el inmueble y cuya base de cálculo es el valor catastral del inmueble, que se determina por el Catastro. Ahora bien, en ocasiones, la gestión, liquidación, inspección y recaudación de este impuesto puede haberse delegado en la comunidad autónoma o en otras entidades locales en cuyo territorio estén integradas.

Sin embargo, y más allá de otras particularidades que rodeen a esta figura impositiva, aquí nos centraremos en la duda básica que suele presentársele al adquirente de una vivienda: ¿quién paga el IBI del año en el que se produce el cambio de propietario?

A TENER EN CUENTA. Dado que el IBI se gestiona a nivel municipal, además de las previsiones que recoge la LRHL (que, por ejemplo, contempla algunas exenciones, bonificaciones o tipos de gravamen mínimos y máximos), para conocer los concretos tipos que se aplican en cada localidad u otras particularidades, deberían consultarse las ordenanzas fiscales municipales correspondientes o bien la página web del ayuntamiento o entidad local en cuestión.

El IBI es un impuesto periódico, esto es, cuyo hecho imponible se produce de forma recurrente en el tiempo. Su período impositivo coincide con el año natural y su devengo, justamente, tiene lugar el primer día del año natural (artículo 75 de la LRHL). Por otra parte, los negocios jurídicos que deban comunicarse al Catastro (como la compraventa) tienen efectividad en el devengo del IBI inmediatamente posterior al momento en el que se produzca el cambio catastral (en este caso, de titular o propietario).

Por lo tanto, **la regla general es que deba pagar el IBI quien figure como titular a 1 de enero**; aunque las partes, al celebrar el contrato de compraventa, **pueden acordar otra cosa**. Por ejemplo, puede establecerse que el IBI de ese año se pague por el comprador y el vendedor a prorrata, en proporción al tiempo en el que cada uno fue propietario, o que se estipule otra cosa.

Ahora bien, lo cierto es que el Tribunal Supremo ha establecido que, **en ausencia de pacto entre las partes, el vendedor podrá repercutirlo sobre el comprador en proporción al tiempo que cada uno haya sido propietario**. En concreto, fijó ese criterio en su sentencia n.° 409/2016, de 15 de junio, ECLI:ES:TS:2016:2886; sobre la base del artículo 63.2 de la LRHL, que permite al sujeto pasivo del IBI repercutir a otro la carga tributaria soportada conforme a las normas de derecho común. Unas normas que, en este caso, serían las que rigen el contrato de compraventa, contenidas en el Código Civil, en virtud de la cuales el comprador debe considerarse como propietario desde el momento de la entrega de la vivienda. Aunque, evidentemente, todo ello sin perjuicio de que las partes puedan pactar que no quepa la repercusión.

En cualquier caso, para mayor seguridad, lo más recomendable sería que se incorporase alguna previsión a este respecto en el contrato de compraventa.

CUESTIÓN

Si soy el propietario de una vivienda, pero el usufructo sobre ella le corresponde a otra persona (que ostenta, por tanto, el derecho a usar y disfrutar del inmueble), ¿quién tiene que pagar el IBI?

Cuando exista un usufructo sobre una vivienda, establecido en favor de una persona distinta del propietario, será el usufructuario (la persona que tiene el derecho de usufructo) quien deba hacerse cargo del IBI. Así resultaría del artículo 61.1 de la LRHL.

¿La compra de la vivienda afecta al IRPF o hay que incluirla en la declaración de la renta?

El Impuesto sobre la Renta de las Personas Físicas (IRPF) es un impuesto directo que grava la renta de las personas naturales de acuerdo con su naturaleza y sus circunstancias personales y familiares. Se presenta a la AEAT a través de la comúnmente conocida como «declaración de la renta», siempre que exista obligación de hacerla, y en él se someten a tributación, entre otros, los rendimientos del trabajo, de actividades económicas, del capital (mobiliario e inmobiliario) y las ganancias patrimoniales. Su regulación básica se contiene en la Ley 35/2006, de 28 de noviembre (en adelante LIRPF); y en su reglamento, aprobado por el Real Decreto 439/2007, de 30 de marzo (en adelante, RIRPF).

Así concebido el IRPF, una de las inquietudes que pueden preocupar al comprador de una vivienda es la posible incidencia de la compra en su IRPF: ¿tendrá que incluir esa vivienda en su declaración de la renta?

La adquisición de la vivienda, en sí misma, no está sometida a tributación por el IRPF. Se grava, según lo visto en los epígrafes anteriores, por la vía del IVA o del ITP. Para el comprador, el negocio de compraventa como tal no tiene incidencia en su declaración de la renta.

A TENER EN CUENTA. Cosa distinta sucederá con el IRPF del vendedor (o su Impuesto sobre Sociedades, si es una sociedad o persona jurídica), donde la venta del inmueble sí tendrá incidencia. Si el vendedor es una persona física profesional, los ingresos que obtenga tendrán la consideración de rendimientos de actividades económicas. En el caso de un particular, se generará una ganancia o pérdida patrimonial a declarar en su IRPF, que se calculará en los términos que establece la normativa del impuesto y, en su caso, podría beneficiarse de ciertas exenciones.

Centrándonos en el comprador, si bien es cierto que no tiene que tributar en su declaración de la renta por la adquisición de la vivienda, lo cierto es que la tenencia de una vivienda puede conllevar otras implicaciones secundarias o más tangenciales en su IRPF. Por ejemplo:

- Puede dar derecho a aplicar algunas deducciones de IRPF. A nivel estatal, desde el 1 de enero de 2013 se ha eliminado la deducción por inversión en vivienda habitual, que permitía deducirse en la declaración de la renta ciertos importes por adquisición, rehabilitación o adecuación de la vivienda; aunque sigue aplicándose de manera transitoria para determinadas situaciones previas a esa fecha. Sin embargo, algunas comunidades regulan deducciones **autonómicas** por adquisición de vivienda habitual en supuestos concretos o para ciertos colectivos (como los jóvenes o las personas con discapacidad), siempre condicionada a los requisitos que se estipulen.

> **A TENER EN CUENTA.** Recordamos en este punto que el IRPF es un impuesto cuyo funcionamiento se articula en dos tramos, el estatal y el autonómico. De ahí que las comunidades autónomas puedan regular, dentro de su ámbito territorial y con las limitaciones previstas en la normativa del Estado, algunos aspectos o elementos del impuesto, como las deducciones.

- En función del **destino que se le dé a la vivienda**, su tenencia también podrá tener otras consecuencias en el IRPF:

  - Si se destina al arrendamiento, podrán generarse rendimientos del capital inmobiliario o de actividades económicas por los ingresos que se obtengan. Como contrapartida, también podrán deducirse los gastos que en cada caso correspondan (por ejemplo, el IBI, la tasa de basuras, seguros, etc.).

  - Si se tiene desocupada y no es la vivienda habitual, seguramente habrá que imputarse determinadas rentas inmobiliarias por ella en la declaración del IRPF. La imputación de rentas inmobiliarias se regula en el artículo 85 de la LIRPF y supone que deban incluirse ciertas cantidades en la declaración de la renta por la titularidad de inmuebles urbanos improductivos no afectos a actividades económicas, excluida la vivienda habitual y el suelo no edificado. Eso sí, si existe un usufructuario sobre la vivienda (esto es, una persona que tenga un derecho de usufructo sobre ella), será él quien deba imputarse esas rentas inmobiliarias en su IRPF (y no el propietario).

  - Si la vivienda es la vivienda habitual, no habrá que imputarse ninguna renta inmobiliaria por ella (ni por las plazas de garaje adquiridas conjuntamente con ella, hasta un máximo de dos). Tampoco habrá que declarar ningún rendimiento procedente del alquiler, evidentemente.

- Cuando la vivienda de la que se es propietario **se transmita a otro, por el título que sea**, generalmente se originará una ganancia o pérdida patrimonial a los efectos del IRPF. Esto incluye tanto las transmisiones a título oneroso (obteniendo un precio o contraprestación a cambio, como sería el caso de una venta) como a título gratuito (sin contraprestación, como una donación). Ahora bien, en algunos supuestos pueden aplicarse determinados beneficios fiscales para reducir la factura fiscal:

  - Por ejemplo, y entre otros beneficios, la normativa del IRPF contempla una **exención por reinversión en vivienda habitual** (que excluye de gravamen las ganancias patrimoniales obtenidas por la transmisión de la vivienda habitual del contribuyente, siempre que el importe total obtenido por la transmisión se reinvierta en la adquisición de una nueva vivienda habitual en determinadas condiciones, se regula en los artículos 38.1 de la LIRPF y 41 del RIRPF) o una **exención por transmisión de la vivienda habitual por mayores de 65 años o personas en situación de dependencia severa o gran dependencia** [artículos 33.4.b) de la LIRPF y 41 bis del RIRPF].

- Asimismo, están exentas de IRPF la ganancia patrimonial por la dación en pago o por un procedimiento de ejecución hipotecaria de la vivienda habitual para la cancelación de deudas garantizadas con hipoteca que recaiga sobre la misma, contraídas con entidades de crédito u otra entidad que, de manera profesional, realice la actividad de concesión de préstamos o créditos hipotecarios; y las ganancias patrimoniales que se pongan de manifiesto con ocasión de la transmisión de la vivienda en que concurran los requisitos anteriores, realizada en ejecuciones hipotecarias judiciales o notariales [artículo 33.4.d) de la LIRPF]. Será necesario que el propietario de la vivienda habitual no disponga de otros bienes o derechos en cuantía suficiente para satisfacer la totalidad de la deuda y evitar la enajenación de la vivienda.

CUESTIONES

1. ¿Qué importe habrá que imputar como renta inmobiliaria por las viviendas u otros inmuebles urbanos improductivos que tenga el contribuyente sin afectar a actividades económicas y que no constituyan su vivienda habitual?

Según indica el artículo 85.1 de la LIRPF, la renta imputable por cada uno de esos inmuebles se calcular como un porcentaje sobre el valor catastral:

- Como regla general, será del 2 % del valor catastral del inmueble urbano.

- En el caso de inmuebles localizados en municipios en los que los valores catastrales hayan sido revisados, modificados o determinados mediante un procedimiento de valoración colectiva de carácter general, de conformidad con la normativa catastral, y hayan entrado en vigor en el período impositivo o en el plazo de los 10 períodos impositivos anteriores, el porcentaje será el 1,1 %.

- Si a la fecha de devengo del impuesto el inmueble careciera de valor catastral o este no hubiera sido notificado al titular, el porcentaje será del 1,1 % y se aplicará sobre el 50 % del mayor de los siguientes valores:

  » El comprobado por la Administración a efectos de otros tributos.

  » El precio, contraprestación o valor de la adquisición.

La cantidad resultante de aplicar esos porcentajes sobre el valor catastral del inmueble se sumará al resto de rendimientos del contribuyente (por ejemplo, a sus rendimientos del trabajo o de actividades económicas), para determinar la base sobre la que luego se aplicarán las escalas y tipos de gravamen del IRPF.

2. Lorena ha adquirido un solar con una vivienda en construcción. ¿Debe imputarse alguna renta inmobiliaria por ese inmueble en construcción en su declaración del IRPF?

No. Cuando se trate de inmuebles en construcción y en los casos en los que, por razones urbanísticas, el inmueble no sea susceptible de uso, no se estimará renta alguna (artículo 85.1 de la LIRPF, último párrafo).

3. Dos personas son propietarias de una vivienda que no es su vivienda habitual y que tampoco tienen destinada al alquiler. La utilizan como segunda residencia. ¿Cada uno de los propietarios tendrá que imputarse íntegramente las rentas inmobiliarias en los porcentajes que señala el artículo 85.1 de la LIRPF?

No, cada uno de ellos se imputará esas rentas inmobiliarias en la proporción en que cada uno sea propietario, esto es, según el porcentaje de titularidad de cada uno.

La retención a cuenta del IRNR si el vendedor no reside en España

En aquellos supuestos en los que **el inmueble se adquiera de una persona física o una entidad no residente en España**, el vendedor estará obteniendo un rendimiento por una operación realizada en España, pero no será contribuyente español. Por ello, la Hacienda pública española necesitará asegurarse el cobro de los impuestos que en su caso puedan corresponderle por la ganancia que dicha operación le genere el vendedor. Y ahí entra en juego el **Impuesto sobre la Renta de No Residentes o IRNR**.

El IRNR es un tributo directo que grava la renta obtenida en territorio español por las personas físicas y entidades que no residan en él. Se rige por lo establecido en el Real Decreto Legislativo 5/2004, de 5 de marzo, por el que se aprueba el texto refundido de la Ley del Impuesto sobre la Renta de no Residentes (LIRNR); y en su reglamento, aprobado por el Real Decreto 1776/2004, de 30 de julio (RIRNR). Unas normas que, por lo demás, tendrán que aplicarse en consonancia con lo que establezcan los convenios o tratados internacionales para evitar la doble imposición celebrados por España. Dichos convenios o tratados son normas internacionales que se conciertan entre el Estado español y otro país para evitar que una misma operación o una misma renta se someta a tributación en dos Estados al mismo tiempo. Lo que hacen es establecer una serie de reglas para determinar a cuál de los dos países en juego le corresponde gravar un determinado hecho. Por ejemplo, si un residente en Francia obtiene rendimientos en España, habrá que tener en cuenta el convenio para evitar la doble imposición existente entre esos dos países para ver en cuál de ellos tendrá que tributar el interesado por esos ingresos.

En general, y por lo que aquí interesa, los convenios internacionales suscritos por España con otros países establecen que las ganancias derivadas de la venta de inmuebles situados en territorio español pueden someterse a tributación en España. Y, en esa medida, el artículo 25.2 de la LIRNR determina que, cuando se trate de la transmisión de un inmueble radicado en territorio español por no residentes que actúen sin establecimiento permanente, el adquirente o comprador estará obligado a **retener e ingresar a cuenta del IRNR el 3 %** o a efectuar el ingreso a cuenta correspondiente, de la contraprestación acordada, en concepto de pago a cuenta del impuesto correspondiente a aquellos. Dicha retención se ingresará a través del **modelo 211**, «Impuesto sobre la Renta de no Residentes. Retención en la adquisición de inmuebles a no residentes sin establecimiento permanente», aprobado por la

Orden EHA/3316/2010, de 17 de diciembre. El adquirente deberá autoliquidar la retención e ingresar su importe en el **plazo de un mes a partir de la fecha de la transmisión** ante la Delegación o Administración de la AEAT en cuyo ámbito territorial se encuentre ubicado el inmueble.

Con todo, el comprador no tendrá obligación de retener o realizar el ingreso a cuenta en los siguientes dos casos (artículo 14 del RIRNR):

– Cuando el transmitente acredite su sujeción al Impuesto sobre la Renta de las Personas Físicas o al Impuesto sobre Sociedades mediante certificación expedida por el órgano competente de la Administración tributaria.

– En los casos de aportación de bienes inmuebles, en la constitución o aumento de capitales de sociedades residentes en territorio español.

El adquirente del inmueble entregará al vendedor un ejemplar, una vez efectuado el ingreso, y el vendedor lo utilizará para justificar el pago a cuenta cuando presente autoliquidación por la renta derivada de la transmisión del inmueble. Y es que, no en vano, el vendedor no residente deberá declarar, e ingresar en su caso, el impuesto definitivo, compensando en la cuota el importe retenido o ingresado a cuenta por el adquirente, en el plazo de tres meses contados a partir del término del plazo establecido para ingresar la retención. En su caso, la Administración tributaria le devolverá el exceso retenido o ingresado a cuenta, previas las comprobaciones que sean necesarias.

Si el comprador no realiza esa retención o ingreso a cuenta, el inmueble vendido quedará afecto al pago del importe que resulte menor entre dicha retención o ingreso a cuenta y el impuesto correspondiente. El registrador de la propiedad lo hará constar así por nota al margen de la inscripción correspondiente en el registro, señalando la cantidad de la que responda la finca. Esa nota se cancelará, en su caso, por caducidad o mediante la presentación de la carta de pago o certificación administrativa que acredite la no sujeción o la prescripción de la deuda.

¿Hay que pagar plusvalía municipal (IIVTNU) por comprar una vivienda?

El Impuesto sobre el Incremento de Valor de los Terrenos de Naturaleza Urbana (IIVTNU) o «plusvalía municipal» es un tributo que debe pagarse como consecuencia del **incremento de valor que experimenten los terrenos urbanos y que se ponga de manifiesto cuando se transmite su propiedad** (por ejemplo, a través de una compraventa) **o cualquier derecho real de goce sobre ellos**. Se encuentra regulado en los artículos 104 y siguientes del Real decreto legislativo 2/2004, de 5 de marzo, por el que se aprueba el texto refundido de la Ley Reguladora de las Haciendas Locales (en adelante, LRHL).

A modo de aproximación, tendrán que darse dos condiciones simultáneas para que surja la obligación de pagar este impuesto:

– Que se produzca un incremento del valor de terrenos que tengan la consideración de urbanos a los efectos del IBI, con independencia de que estén o no contemplados como tales en el catastro o en el padrón.

Asimismo, también estará sujeto a la «plusvalía» el aumento de valor que experimenten los terrenos integrados en los inmuebles clasificados como de características especiales a efectos del IBI. Sin embargo, quedan excluidos del ámbito de aplicación de este impuesto los inmuebles que tengan la consideración de rústicos a efectos del IBI.

– Que ese incremento se ponga de manifiesto como consecuencia de una transmisión de esos inmuebles o de la constitución o transmisión de derechos reales sobre ellos, incluyéndose aquellos casos en los que la transmisión se produce a título oneroso (mediando contraprestación o precio) y a título gratuito o lucrativo (es decir, sin pago de ninguna contraprestación a cambio de la adquisición, tal y como sucedería en el caso de las herencias).

Con todo, no existirá sujeción a la «plusvalía» (no se pagará) en las transmisiones de terrenos con respecto a los cuales se constate que no existe incremento de valor por diferencia entre los valores en las fechas de transmisión y adquisición. Además, la normativa establece determinadas exenciones, bonificaciones u otras particularidades. Al igual que el IBI, este es un impuesto que se gestiona a nivel municipal: normalmente debe liquidarse ante el ayuntamiento de la localidad en la que esté situado el inmueble urbano y teniendo en cuenta las previsiones que, en su caso, establezcan las correspondientes ordenanzas fiscales. En ocasiones, la gestión, liquidación, inspección y recaudación de este impuesto puede haberse delegado en la comunidad autónoma o en otras entidades locales en cuyo territorio estén integradas.

En principio, en un supuesto de compraventa de vivienda, al tratarse de una operación onerosa en la que media una contraprestación, el sujeto pasivo de este impuesto será el **vendedor o transmitente** [artículo 106 de la LRHL]. Ahora bien, esa responsabilidad se trasladará al **comprador o adquirente cuando el vendedor sea una persona física no residente en España**. Es decir, en tal supuesto, la obligación de pagar la «plusvalía» pasaría al comprador, como sustituto del contribuyente.

A TENER EN CUENTA. El plazo de presentación de la «plusvalía» en caso de compraventa será de 30 días hábiles, a contar desde la fecha de la transmisión.

CUESTIÓN

¿Cuál es la base imponible de la «plusvalía municipal»?

La base imponible del impuesto vendrá dada por el incremento del valor de los inmuebles urbanos puesto de manifiesto en el momento del devengo y experimentado a lo largo de un período máximo de 20 años; se determinará en la forma que regula la LRHL (artículo 107 de la LRHL). En principio, se hará multiplicando el valor del terreno en el momento del devengo (normalmente el que tenga determinado a efectos del IBI, aunque con particularidades en ciertos casos y posibilidad de que existan coeficientes reductores) por el coeficiente que corresponda al período de generación (que será el número de años a lo largo de los cuales se haya puesto de manifiesto el incremento de valor). No obstante, cuando, a instancia del sujeto pasivo, se constate que el importe del incremento de valor es inferior a la base imponible determinada según lo señalado, se tomará como base imponible el importe de dicho incremento de valor. Por su parte, el tipo de gravamen será el que fije cada ayuntamiento, sin que pueda exceder del 30 %.

La propiedad de una vivienda: ¿afecta al Impuesto sobre el Patrimonio y el Impuesto sobre Sucesiones y Donaciones?

El **Impuesto sobre el Patrimonio (IP)** es un tributo directo de naturaleza personal, que grava el patrimonio neto de las personas físicas, es decir, el conjunto de bienes y derechos de contenido patrimonial de los que se sea titular, con deducción de las cargas y gravámenes que disminuyan su valor, así como de las deudas y obligaciones personales de las que deba responder.

> **A TENER EN CUENTA.** Su regulación básica a nivel estatal se recoge en la Ley 19/1991, de 6 de junio, del Impuesto sobre el Patrimonio (en adelante, LIP); aunque se trata de un impuesto cedido a las comunidades autónomas, que pueden asumir competencias sobre distintos aspectos de su régimen, como el mínimo exento, el tipo de gravamen y las deducciones o bonificaciones. De ahí que haya que acudir a la normativa autonómica de aplicación para conocer, por ejemplo, los tipos y beneficios fiscales que podrán resultar de aplicación en cada caso.

La adquisición de una vivienda puede tener incidencia a los efectos del Impuesto sobre el Patrimonio en la medida en que ese inmueble pasa a formar parte del patrimonio del comprador y, como tal, habrá que incluirla en la declaración del impuesto. Aunque, en realidad, el común de los contribuyentes no tendrá obligación de presentar este impuesto y, por tanto, la tenencia de un inmueble no le afectará a este respecto. Solo estarán obligados a presentar declaración y autoliquidar el IP los grandes patrimonios: en concreto, los sujetos pasivos cuya cuota tributaria, determinada de acuerdo con las normas reguladoras del impuesto y una vez aplicadas las deducciones o bonificaciones que procedan, resulte a ingresar, o cuando, no dándose esta circunstancia, el valor de sus bienes o derechos, determinado de acuerdo con las normas reguladoras del impuesto, resulte superior a 2.000.000 de euros (artículo 37 de la LIP). Además, si la vivienda que se adquiere pasa a ser la **vivienda habitual del contribuyente**, quedará **exenta del IP hasta un importe máximo de 300.000 euros**.

Por otra parte, el **Impuesto sobre Sucesiones y Donaciones (ISD)** es un tributo directo que grava los incrementos del patrimonio que las personas físicas obtienen a título gratuito, esto es, sin que medie precio o contraprestación. Por ejemplo, es el impuesto que se satisface cuando se adquieren bienes por medio de herencia, pacto sucesorio o donación.

> **A TENER EN CUENTA.** A nivel estatal, se regula en la Ley 29/1987, de 18 de diciembre, del Impuesto sobre Sucesiones y Donaciones (LISD), y su reglamento de desarrollo, aprobado por el Real Decreto 1629/1991, de 8 de noviembre (RISD). El ISD es también un impuesto cedido a las comunidades autónomas, que han regulado en sus respectivos territorios algunos aspectos del impuesto, como las reducciones, tarifa, deducciones o bonificaciones. De ahí la importancia de consultar en cada caso concreto las previsiones que contenga la normativa autonómica del impuesto.

En el ámbito del ISD, también se contemplan determinados **beneficios fiscales para aquellos supuestos en los que determinados parientes adquieren la que era la vivienda habitual del fallecido o del donante.** La normativa concreta de cada comunidad autónoma los configura en sus propios términos, aunque en general la medida se articula como una reducción, que permite rebajar la base sobre la que luego se aplicarán los tipos impositivos. Esa reducción se aplicará en los términos y condiciones que haya establecido cada comunidad autónoma. Como el estudio de todas esas medidas excede del objeto de esta guía, nos limitaremos a señalar que la normativa estatal configura la reducción del siguiente modo (régimen que resultará de aplicación si la comunidad autónoma no la hubiera regulado, se prevé en el artículo 20.2 de la LISD): reducción del 95 % del valor de la vivienda habitual de la persona fallecida, cuando se adquiera como consecuencia de su muerte por su cónyuge, ascendientes o descendientes, o por un pariente colateral mayor de 65 años que hubiese convivido con el causante durante los dos años anteriores al fallecimiento; con el límite de 122.606,47 euros para cada sujeto pasivo y el requisito de que la adquisición se mantenga durante los 10 años siguientes al fallecimiento del transmitente, salvo que el adquirente falleciera dentro de ese plazo.

5.
EL PRÉSTAMO GARANTIZADO CON HIPOTECA

La hipoteca como garantía del préstamo con el que se financia la compra de una vivienda

Cuando una vivienda se «compra con hipoteca», en realidad, se están celebrando dos contratos o negocios jurídicos distintos, pero íntimamente relacionados:

- Por un lado, se celebra una compraventa entre el vendedor de la vivienda y su comprador.

- Por otro, se concierta un préstamo con garantía hipotecaria, que es un contrato o negocio jurídico que se celebra entre el prestamista (la parte que lo concede, que será normalmente una entidad bancaria) y el prestatario (quien recibe el préstamo).

Por lo tanto, **la hipoteca no «paga» la vivienda, lo que financia su adquisición es el préstamo que se contrata con el banco**. La hipoteca simplemente es una forma de garantizar el cumplimiento de la obligación que asume quien solicita un préstamo, de devolver el capital recibido más los intereses en los términos que se hayan acordado. Haría las veces de un aval o de una fianza, como forma de asegurar el pago de la deuda, solo que en lugar de que sea otra persona la que actúe como garante, se constituye una garantía sobre un bien inmueble, que se afecta al pago. De modo que, si se dejan de pagar las cuotas del préstamo durante un determinado período de tiempo, la entidad bancaria estaría facultada para ejecutar la hipoteca, conforme a un determinado procedimiento, a fin de cobrar la deuda y los correspondientes intereses, enajenando para ello el inmueble.

A TENER EN CUENTA. Normalmente, la hipoteca se constituye sobre la misma vivienda que se adquiere, aunque también puede constituirse sobre otra vivienda u otro inmueble, en caso de que se disponga de ellos.

En este apartado nos centraremos en el análisis de esta figura, a fin de delimitar su contenido y funcionamiento básico. Asimismo, se repasarán las principales obligaciones que conlleva, los trámites para su contratación, los gastos que implica y quién tendrá que asumirlos, su tributación básica y otras cuestiones relativas a la vida y terminación del préstamo hipotecario.

CUESTIÓN

¿Qué es una fianza como forma de garantía de un préstamo? ¿Qué la diferenciaría de una hipoteca?

La fianza es una forma de garantizar el cumplimiento de una obligación dineraria, en virtud de la cual el fiador se obliga a pagar o a cumplir por el deudor principal (el afianzado), en caso de que este no lo haga. Se regula en los artículos 1822 y siguientes del CC.

La fianza es una forma de asegurar el pago de una deuda que recae sobre una persona: es una persona la que se obliga a pagar si no lo hace el deudor principal. Sin embargo, en la hipoteca, el respaldo no lo ofrece una persona, sino que recae sobre un bien (inmueble), que se sujeta a responder del pago de la deuda.

5.1. El préstamo hipotecario: concepto, tipos y funcionamiento básico

¿Qué es un préstamo con garantía hipotecaria?

Un préstamo hipotecario es una forma de financiar la adquisición de una vivienda, por medio de la cual una **entidad bancaria concede al futuro comprador una determinada cantidad de dinero y este asume la obligación de devolver ese capital a largo plazo, junto con los intereses estipulados,** a través del pago de **cuotas periódicas** (normalmente, mes a mes). Y, todo ello, con el respaldo de una garantía muy específica que asegura al banco el cobro de lo que le corresponde: la hipoteca que se constituye sobre la propia vivienda que se adquiere (eso será lo más habitual, aunque también podría constituirse sobre otro inmueble). Se trata, por tanto, de una única operación que en realidad tiene dos caras: la del préstamo y la de la garantía (la hipoteca).

Las partes en este tipo de operaciones son dos:

- El prestamista, que sería aquel que concede el préstamo y pone el capital a disposición de la otra parte, a cambio de una determinada retribución (los intereses).

- El prestatario, que sería la parte que recibe el préstamo y se compromete a su devolución, junto con los oportunos intereses y en los plazos y términos que se hayan establecido.

Por lo demás, la configuración básica del préstamo gira en torno a tres elementos clave:

– El **capital**. El capital del préstamo es el importe o cantidad de dinero que se pide al banco, excluidos los intereses. Normalmente, en los préstamos con garantía hipotecaria, la entidad bancaria suele concederlos por el 80 % del valor del inmueble, de modo que la parte restante (alrededor del 20 %) debería tenerse ahorrada por el interesado o bien obtenerse por otra vía. Sin embargo, también puede solicitarse un préstamo al 100 %, que cubra todo el valor del inmueble y no requiera de entrada; aunque este tipo de préstamos suelen ser más caros y exigir condiciones más estrictas para su concesión. En el caso de no contar con la estabilidad económica necesaria para ello, otras opciones habituales para obtener este tipo de préstamos podrían pasar por el otorgamiento de una segunda garantía (a mayores de la hipoteca sobre la vivienda), por ejemplo, constituyendo otra hipoteca sobre otro inmueble o una garantía personal a través de un aval privado o concedido por el ICO.

> **A TENER EN CUENTA.** Además de la entrada, es recomendable tener un colchón extra para cubrir otros gastos asociados a la compra, como podrían ser los impuestos y los gastos de notaría o gestoría.

– El **tipo de interés**. El tipo de interés es el precio del dinero. Consiste en un porcentaje que determina la contraprestación que la entidad bancaria cobra a cambio de prestar el dinero. Podrá ser fijo o variar según cómo evolucione el índice de referencia que se haya establecido.

– El **plazo de amortización**. Es el período de tiempo a lo largo del cual se irán pagando las cuotas del préstamo, en condiciones normales y salvo que se realice una amortización anticipada (esto es, que se pague el préstamo antes de la fecha de su vencimiento). Los préstamos con garantía hipotecaria suelen ser operaciones con un plazo largo de amortización. En ese sentido, tal y como apunta el Banco de España en su portal electrónico: cuanto más largo sea el plazo (si no varían las demás condiciones del préstamo), las cuotas serán menores, pero los intereses totales serán más elevados.

Por lo que se refiere a la hipoteca, consiste en una garantía que sujeta directa e inmediatamente los bienes sobre los que se impone, cualquiera que sea su poseedor, al cumplimiento de la obligación para cuya seguridad fue constituida (artículo 104 de la Ley hipotecaria, aprobada por Decreto de 8 de febrero de 1946 —en adelante, LH—). En principio, para que la **hipoteca** quede válidamente establecida, **será necesario que se constituya en escritura pública y que esa escritura se inscriba en el registro de la propiedad**. De ahí que la entidad bancaria exija la inscripción de la vivienda en el registro de la propiedad para conceder la hipoteca, para que pueda inscribirse también la hipoteca y que esta quede válidamente constituida, desplegando todos sus efectos.

Sea como fuere, dada la complejidad de estas operaciones y el desequilibrio evidente entre ambas partes (entidad bancaria y cliente), lo cierto es que existe una norma específica que establece una serie de normas para proteger a las personas físicas que contraten préstamos garantizados con hipoteca sobre inmuebles de uso residencial o cuya finalidad sea adquirir o conservar derechos de propiedad sobre terrenos o inmuebles construidos o por construir; y siempre que los contraten con entidades bancarias o con personas o entidades que se dediquen profesionalmente a la concesión de préstamos hipotecarios. Es la **Ley 5/2019, de 15 de marzo, reguladora de los contratos de crédito inmobiliario**. Básicamente, esa norma lo que hace es configurar las reglas básicas de transparencia que han de regir estos contratos, el régimen jurídico de los prestamistas e intermediarios de crédito inmobiliario, incluida la obligación de llevar a cabo una evaluación de la solvencia antes de conceder el préstamo, estableciendo un régimen de supervisión y de sanción, así como las normas de conducta aplicables a la actividad de ciertas empresas o profesionales que trabajan en este sector (como los prestamistas o asesores).

CUESTIÓN

¿Qué es la hipoteca inversa? ¿Tiene algo que ver con el préstamo hipotecario?

La hipoteca inversa no es una forma de garantizar la devolución de un préstamo contratado para comprar una vivienda. Es más bien una figura que permite obtener financiación a determinadas personas que tienen una vivienda en propiedad.

Consiste en un producto financiero que permite a las personas mayores o dependientes utilizar una parte de su patrimonio inmobiliario para aumentar su renta durante los últimos años de la vida. Consiste en un préstamo o crédito hipotecario por medio del cual el propietario de un inmueble realiza disposiciones, normalmente periódicas (aunque la disposición puede realizarse de una sola vez), hasta un importe máximo determinado por un porcentaje del valor de tasación en el momento de la constitución. Cuando se alcanza dicho porcentaje, el interesado deja de disponer de la renta y la deuda sigue generando intereses, que suelen ser más altos que los habituales. La recuperación del crédito dispuesto y de los intereses por parte de la entidad financiera tiene lugar, en la mayoría de los casos, de una vez al fallecimiento del propietario (mediante la cancelación de la deuda por sus herederos o la ejecución de la garantía hipotecaria por la entidad).

Modalidades de préstamos hipotecarios y mecánica de funcionamiento básica

Al margen de otras posibles clasificaciones que puedan hacerse de los préstamos hipotecarios, la distinción por antonomasia toma en consideración uno de los elementos clave de este tipo de operaciones: el tipo de interés. Así, en función de cómo se configure el tipo de interés, pueden diferenciarse tres modalidades de préstamos:

- Préstamos hipotecarios **a interés fijo**. En esta modalidad, el tipo de interés se mantiene invariable durante toda la vida del préstamo; es fijo, como también lo serán las cuotas mensuales que haya que ir pagando.

- Préstamos hipotecarios **a interés variable**. Cuando la hipoteca es a interés variable, el tipo de interés irá cambiando a lo largo del tiempo: se revisará periódicamente (normalmente, al año o al semestre) y variará en función de cómo evolucione el índice objetivo que se utilice como referencia (el más habitual suele ser el Euríbor). En estos casos, el porcentaje concreto de interés suele calcularse sumando al índice de referencia un porcentaje constante: por ejemplo, Euríbor + 2 %. En este tipo de operaciones no se podrá fijar un límite a la baja del tipo de interés y, además, el interés que se pague por el préstamo no podrá ser negativo.

> **A TENER EN CUENTA.** Hasta no hace mucho, era habitual que en los préstamos hipotecarios a interés variable se fijasen unos mínimos y máximos a la variación del tipo de interés. Es decir, que se estableciera que, a pesar de la evolución del índice de referencia, el tipo a aplicar al préstamo nunca podría estar por debajo o por encima de determinado porcentaje. Eran las conocidas como «cláusulas suelo» y «cláusulas techo». Desde la Ley 5/2019, de 15 de marzo, ya no se pueden incluir «cláusulas suelo» en los préstamos hipotecarios a interés variable (artículo 21 de la norma).

- Préstamos hipotecarios **a interés mixto**. Esta última modalidad surge de la combinación de las dos previas en una misma operación. Suele cobrarse un tipo de interés fijo durante un primer período de tiempo y con posterioridad pasa a aplicarse un tipo variable.

Cada uno de estos tipos de préstamos hipotecarios presenta determinadas ventajas e inconvenientes. Siguiendo al Banco de España, los préstamos a interés fijo tienen a su favor que permiten conocer desde el primer momento cuál será la cuota mensual, sin que haya que preocuparse por las subidas o bajadas de tipos; pero, como contrapartida, suelen conllevar tipos superiores que los de los préstamos a interés variable y plazos de amortización más cortos (en torno a los 20 años). Por el contrario, los préstamos a interés variable normalmente permiten disfrutar de un tipo de interés inicial más bajo que el de los préstamos a tipo fijo y la posibilidad de mayores plazos de amortización (entre 20 y 30 años o incluso más); en cambio, como los tipos a aplicar dependerán de la evolución del índice de referencia, esta modalidad conlleva una mayor incertidumbre e inestabilidad, pudiendo encarecerse la cuota mensual (aunque también reducirse si la evolución del índice es favorable).

Es imposible determinar de manera objetiva y universal cuál de las modalidades de préstamo hipotecario es mejor o más recomendable. La decisión de elegir uno u otro tipo dependerá de múltiples factores y exigirá un examen de las circunstancias de cada caso. El interesado deberá tener en cuenta, por ejemplo, su situación personal y su capacidad de endeudamiento y de ahorro, o sus perspectivas económicas.

CUESTIONES

1. ¿Qué es el Euríbor?

El Banco de España define el Euríbor como el tipo de interés de oferta al que las entidades de crédito están dispuestas a prestarse fondos en euros entre sí. La Federación Bancaria Europea lo publica diariamente para 15 plazos de vencimiento, que van desde una semana hasta un año. Se calcula como la media de los tipos de interés de oferta diarios de un panel de 50 de las entidades de crédito más activas en el mercado interbancario. El euríbor a un año es el **tipo oficial de referencia que más se emplea para préstamos hipotecarios** en España desde el año 2000, mientras que las operaciones formalizadas antes de entonces utilizaban como referencia oficial el *míbor* a un año, que era el tipo interbancario equivalente para los mercados en pesetas.

2. ¿Qué es la TAE? ¿Y el TIN? ¿Permiten comparar distintas ofertas de préstamos?

La TAE o Tasa Anual Equivalente, según la define el Banco de España en su glosario, es el tipo de interés que indica el coste o rendimiento efectivo de un producto financiero. Se calcula conforme a una fórmula matemática normalizada que tiene en cuenta el tipo de interés nominal de la operación, la frecuencia de los pagos (mensuales, trimestrales, etc.), las comisiones bancarias y algunos gastos de la operación. En el caso de los créditos, no se incluyen en el cálculo del coste efectivo algunos conceptos, como los gastos que el cliente pueda evitar en uso de las facultades que le concede el contrato, los gastos que han de abonarse a terceros o los gastos por seguros o garantías (salvo algún tipo particular y siempre que la entidad imponga su suscripción para la concesión del crédito).

Por su parte, el TIN o Tipo de Interés Nominal, siguiendo también al Banco de España, es un tipo que se menciona habitualmente en los contratos en los que se pacta el pago de intereses, y que se caracteriza porque en él no se descuenta la tasa de inflación (por oposición al tipo de interés real, en el que se resta la inflación).

En definitiva, el TIN solo incluye el coste derivado de los intereses; mientras que la TAE incluye el TIN y la generalidad de los restantes gastos y comisiones asociados al préstamo, así que permitirá conocer el coste real que supondrá el préstamo. Por lo tanto, la **TAE es un indicador que permite comparar distintas ofertas de préstamos en cuanto a coste**, con independencia de sus condiciones particulares.

3. ¿Qué significa que el préstamo hipotecario tenga un período de carencia?

El período de carencia hace referencia a aquel plazo de tiempo durante el cual se exime al prestatario de cumplir con una o varias de las obligaciones que conlleva el préstamo. Por ejemplo, podría estipularse que durante los primeros años del préstamo no se paguen intereses o que no se paguen intereses ni capital (la cuota será más reducida en ese período, pero los intereses se irán acumulando y/o no se irá tampoco reduciendo la deuda o capital pendiente de pago).

4. ¿Cuánto debería representar la cuota de la hipoteca sobre los ingresos del prestatario?

La capacidad o tasa de endeudamiento de una persona suele hacer referencia a la proporción que la deuda debería representar sobre sus ingresos. No existe un porcentaje exacto, sino que el nivel de endeudamiento idóneo o asumible para cada uno es personal y depende, no solo de las propias cifras, sino también de otros factores, incluso emocionales, que son individuales y variables. Pese a todo, las entidades financieras generalmente entienden que la tasa de endeudamiento de una persona no debe superar el 30 o 35 % de sus ingresos, o el 40 % como máximo.

5.2. La solicitud y tramitación de la hipoteca en el banco. Los productos vinculados

Solicitar y obtener la hipoteca en el banco: pasos a seguir

En el ámbito al que aquí nos estamos refiriendo, la tramitación del préstamo hipotecario con la entidad bancaria se realiza conforme a lo que determina la Ley 5/2019, de 15 de marzo. No en vano, esa norma contiene una serie de reglas que se han de seguir en la fase previa a la firma del préstamo, que buscan proteger al particular que contrata este tipo de productos, asegurando que las entidades bancarias le faciliten determinada información y documentación para que la operación se celebre con la máxima transparencia y claridad posible. Una protección que luego se complementa, además, con la posterior intervención del notario, dirigida a reforzar la transparencia y un equilibrio más justo entre las partes; e incluso, con el control que realizará el registrador de la propiedad en el momento de la inscripción en dicho registro.

Sea como fuere, para referirnos a la tramitación en el banco (previa a que se acuda a la notaría), distinguiremos dos momentos:

- La elección de la entidad bancaria con la que contratar el préstamo.

- La tramitación posterior con la entidad que se haya elegido.

Asimismo, nos referiremos a la obligatoriedad o no de contratar productos vinculados con el préstamo hipotecario, como seguros o tarjetas.

CUESTIONES

1. ¿Las partes pueden pactar que en la tramitación de un préstamo hipotecario no se apliquen las reglas que recoge la Ley 5/2019, de 15 de marzo?

Será nulo de pleno derecho cualquier pacto entre el prestatario y el prestamista (o sus representantes) que tenga por finalidad reducir o menoscabar de cualquier modo la protección que esa norma establece para los contratos que quedan dentro de su ámbito de aplicación. Así lo establece expresamente el artículo 44.3 de la propia Ley 5/2019, de 15 de marzo.

2. ¿Qué pasa si las entidades bancarias no cumplen las obligaciones que les impone la Ley 5/2019, de 15 de marzo?

Más allá de las consecuencias que el incumplimiento pueda tener de cara a la formalización de una concreta operación (por ejemplo, la negativa del notario a otorgar escritura si no considera acreditado el cumplimiento de los requisitos exigidos), los artículos 46 y siguientes de la Ley 5/2019, de 15 de marzo, configuran un régimen de infracciones y sanciones dentro de su ámbito, así como un procedimiento para su imposición.

a. Elegir con qué entidad contratar: ofertas de préstamos y publicidad, la FIPRE

El primer paso antes de contratar el préstamo hipotecario consistirá, como es obvio, en **informarse sobre las distintas ofertas de este tipo de productos** que existen en el mercado. En ese sentido, lo cierto es que la Ley 5/2019, de 15 de marzo, delimita qué **información básica tendrá que figurar en la publicidad** de los préstamos inmobiliarios.

Toda información referida a préstamos que indique un tipo de interés u otras cifras relacionadas con el coste del préstamo para el prestatario deberá especificar de forma clara, concisa y destacada los extremos que señala el artículo 6 de la norma:

- La identidad de quien concede el préstamo y que el préstamo estará garantizado por una hipoteca.

- El tipo deudor, indicando si es fijo, variable o una combinación de ambos; junto con información sobre los gastos incluidos, en su caso, en el coste total del préstamo.

- El importe total del préstamo.

- La TAE, que se incluirá en la publicidad al menos de forma igualmente destacada que cualquier tipo de interés.

- Y, cuando, proceda: la duración del contrato de préstamo, el importe de los pagos a plazos, el importe total adeudado por el prestatario, el número de pagos a plazos, así como una advertencia sobre el hecho de que las posibles fluctuaciones del tipo de cambio podrían afectar al importe adeudado por el prestatario.

- El sistema de amortización y la fórmula de cálculo de las cuotas de amortización de principal y de intereses suficientemente detalladas como para que el prestatario pueda verificar con claridad la corrección de los importes cobrados.

- Cuando proceda, también, la opción del deudor de poder dar en pago el inmueble hipotecado en garantía del préstamo, con carácter liberatorio de la totalidad de la deuda derivada del mismo.

> **A TENER EN CUENTA.** Salvo la mención señalada en el primer punto y la advertencia sobre las posibles fluctuaciones del tipo de cambio que podrían afectar al importe adeudado, el resto de la información anterior se precisará a través de un **ejemplo representativo** y deberá conformarse siempre a este último.

Por lo tanto, algunos de los aspectos clave a considerar a la hora de elegir un préstamo hipotecario serán su coste total, que comprenderá no solo los intereses, sino también otros gastos o comisiones; su moneda, el plazo de amortización o el importe de las cuotas. Ahora bien, también habrá que valorar otras circunstancias, como la posibilidad de que el banco ofrezca bonificaciones o mejores condiciones si se contratan otros productos adicionales junto con el préstamo hipotecario, como seguros o tarjetas. Luego profundizaremos sobre esta cuestión (y la obligatoriedad o no) de contratar esos productos vinculados, pero en este punto nos limitaremos a indicar que la ley señala que, si la contratación de un servicio accesorio, en particular un seguro, fuera obligatoria para obtener el préstamo o para obtenerlo en las condiciones ofrecidas, y el coste de ese servicio no pudiera determinarse de antemano, esa obligación también tendrá que mencionarse de forma clara, concisa y destacada en la publicidad, junto con la TAE.

Además de revisar las ofertas de préstamos que puedan encontrarse *online* o la publicidad que se reciba por otros medios, el interesado también podrá **solicitar a la entidad bancaria que le facilite de forma gratuita información general y comprensible** sobre el préstamo. Es lo que se conoce como **Ficha de Información Precontractual o FIPRE**, que los bancos están obligados a entregar a los consumidores cuando solicitan información sobre un préstamo hipotecario. Esa información se facilita a través de un modelo de ficha específico, que se recoge en el anexo I de la Orden EHA/2899/2011, de 28 de octubre, de transparencia y protección del cliente de servicios bancarios.

La FIPRE tendrá que contener la información que enumera el artículo 9 de la Ley 5/2019, de 15 de marzo, que es similar a la ya señalada al hablar de la publicidad, aunque un poco más amplia. Básicamente, y a grandes rasgos, tendrá que especificar con claridad quién emite esa información, las características del préstamo (fines para los que puede utilizarse, si es un préstamo en divisa, si requiere de garantía hipotecaria, su duración y coste, incluyendo un ejemplo representativo, las distintas opciones para la devolución del préstamo, etc.), los detalles sobre el tipo de interés a aplicar, la necesidad de contratar productos accesorios para obtener el préstamo en las condiciones señaladas, la TAE y una advertencia general sobre las consecuencias de no cumplir los compromisos que implica el préstamo.

b. La tramitación con la entidad elegida: evaluación de la solvencia y oferta vinculante

Una vez comparadas distintas ofertas y elegida la entidad con la que quiere contratarse el préstamo, antes de comprometerse a la contratación, el interesado **deberá facilitar al banco la información necesaria sobre sus necesidades, su situación financiera y sus preferencias.** Sobre esa base, la entidad bancaria evaluará su solvencia y la viabilidad de la operación, para decidir si concede o no el préstamo. Fundamentalmente, comprobará su capacidad para cumplir con las obligaciones derivadas del préstamo, estudiando factores como su situación laboral, los ingresos presentes y los previsibles durante la vida del préstamo, los activos en propiedad, el ahorro, los gastos fijos y los compromisos ya asumidos. Asimismo, valorará el nivel previsible de ingresos a percibir tras la jubilación, en el caso de que se prevea que una parte sustancial del préstamo se siga reembolsando después de que termine su vida laboral.

Cada entidad bancaria cuenta con su procedimiento interno específico para realizar estas comprobaciones, sin que en pueda repercutir ningún coste al interesado por la evaluación de su solvencia. A esos efectos, **solicitará al potencial prestatario la documentación que estime oportuna,** especificándola de manera clara y directa; y siempre pidiendo información proporcionada y limitada a lo necesario para realizar una adecuada evaluación de la solvencia, con los límites que reconoce la normativa sobre protección de datos. Por ejemplo, es frecuente que se pida la última declaración del IRPF, la vida laboral, las nóminas o los justificantes de otros ingresos o bienes.

Con todo, la labor del banco no se limitará a comprobar la información y la documentación que se le facilite. A mayores, **comprobará el historial de deudas del interesado**: consultará su historial crediticio acudiendo a la CIRBE (Central de Información de Riesgos del Banco de España), que es una base de datos en la que constan prácticamente todos los préstamos, créditos, avales y riesgos que las entidades financieras tienen con sus clientes; y también revisará los ficheros de morosos más habituales, para ver si existen impagos.

Por otra parte, en el caso de préstamos con garantía hipotecaria, como serían los que tratan en esta guía, **los inmuebles que se aporten en garantía habrán de ser objeto de una tasación adecuada** antes de que se celebre el contrato. La tasación se realizará por una sociedad de tasación, servicio de tasación de una entidad de crédito y/o profesional homologado en debida forma, que sea independiente del prestamista o del intermediario, a través del uso de normas de tasación fiables y reconocidas internacionalmente. En ese sentido, las entidades bancarias están obligadas a aceptar cualquier tasación de un bien aportada por el cliente, siempre que sea realizada por un tasador homologado y no esté caducada según lo dispuesto legalmente; y ello, sin perjuicio de que la entidad pueda realizar las comprobaciones que considere pertinentes, de las que en ningún caso podrá repercutir su coste al cliente que aporte la certificación (artículo 20 del Real Decreto-ley 24/2021, de 2 de noviembre).

Por lo demás, y a pesar de lo relevante que es la tasación en los préstamos hipotecarios, lo cierto es que **la evaluación de la solvencia no podrá basarse predominantemente en el valor de la garantía** que exceda del importe del préstamo o en la hipótesis de que el valor de dicha garantía aumentará, a menos que la finalidad del contrato de préstamo sea la construcción o renovación de bienes inmuebles de uso residencial.

Si el interesado decide no facilitar la información o la verificación necesaria para estudiar su solvencia, el préstamo no podrá concederse.

> **A TENER EN CUENTA.** En el caso de que la entidad bancaria decida denegar el préstamo, tendrá que informar al interesado por escrito y sin demora de esa circunstancia, advirtiéndole de los motivos de la denegación y, si procede, de que la decisión se basa en un tratamiento automático de datos. Cuando la denegación se deba al resultado de una consulta de una base de datos entregará una copia del resultado y el prestamista informará también del resultado de esa consulta y de los detalles de la base de datos consultada (como serían el nombre, el responsable, así como del derecho que le asiste de acceder y rectificar, en su caso, los datos contenidos en ella).

En el supuesto de que la entidad, a la vista de todo ello, decida conceder el préstamo, deberá entregar al potencial prestatario la siguiente documentación, con una **antelación mínima de 10 días naturales con respecto al momento de la firma** del contrato (artículo 14 de la Ley 5/2019, de 15 de marzo):

– La **Ficha Europea de Información Normalizada (FEIN)**, para ofrecerle la información personalizada que necesite para comparar los préstamos disponibles en el mercado, evaluar sus implicaciones y tomar una decisión fundada sobre la conveniencia de celebrar o no un contrato de préstamo sin demora injustificada. La FEIN se facilitará a través del modelo que se recoge en el anexo I de la Ley 5/2019, de 15 de marzo, y **tendrá la consideración de oferta vinculante para la entidad durante el plazo pactado** hasta la firma del contrato que, como mínimo, deberá de ser de 10 días.

– Una **Ficha de Advertencias Estandarizadas (FiAE)**, en la que se informará de la existencia de las cláusulas o elementos relevantes; deberá incluir, al menos, una referencia, en su caso, a los índices oficiales de referencia utilizados para fijar el tipo de interés aplicable, a la existencia de límites mínimos en el tipo de interés aplicable como consecuencia de la variación a la baja del índice de referencia, a la posibilidad de vencimiento anticipado del préstamo como consecuencia del impago y los gastos derivados de ello, a la distribución de los gastos asociados a la concesión del préstamo y a que se trate de un préstamo en moneda extranjera.

– Si se tratase de un **préstamo a tipo de interés variable**, la entidad también tendrá que entregar un **documento separado con una referencia especial a las cuotas periódicas a satisfacer por el prestatario en diferentes escenarios** de evolución de los tipos de interés.

– Una **copia del proyecto de contrato**. Su contenido se ajustará al contenido de los documentos anteriores e incluirá, de forma desglosada, todos los gastos asociados a la firma del contrato.

– **Información clara y veraz de los gastos que corresponden a cada una de las partes.** Lo relativo a los gastos se estudia en profundidad en uno de los epígrafes posteriores de este apartado, al que nos remitimos.

– Cuando el prestamista, intermediario de crédito o su representante, requiera al prestatario la suscripción de una póliza de seguro en garantía del cumplimiento de las obligaciones del contrato de préstamo, así como la suscripción de un seguro de daños respecto del inmueble objeto de hipoteca y del resto de seguros previstos en la normativa del mercado hipotecario, deberá entregar al prestatario por escrito las **condiciones de las garantías del seguro que exige**.

– Si estuviera previsto que el préstamo se formalice en escritura pública (como sucedería con los préstamos con garantía hipotecaria), habrá que entregar la **advertencia al prestatario de la obligación de recibir asesoramiento personalizado y gratuito del notario** que elija el prestatario para la autorización de la escritura pública del contrato de préstamo, sobre el contenido y las consecuencias de la información contenida en la documentación que se entrega según lo indicado en los puntos anteriores.

Toda esta documentación, junto con la manifestación firmada por el prestatario, en la que declare que ha recibido la documentación y que le ha sido explicado su contenido, deberá remitirse también al notario elegido por el prestatario. Se remitirá por medios telemáticos, sin coste para el cliente, de forma que se garantice que el cliente pueda dirigirse a cualquier notario de su libre elección para que este, con carácter previo a la firma del préstamo, extraiga la documentación para preparar y autorizar el acta y la escritura, siendo debidamente informado del derecho de elección que tiene y puede ejercitar.

Al margen de todo lo anterior, la entidad bancaría deberá además suministrar al prestatario toda la información que fuera necesaria y, en particular, tendrá que responder a las consultas que le plantee sobre el contenido, significado y trascendencia práctica de los documentos que se le entreguen.

CUESTIONES

1. Si el banco evalúa mal la solvencia de una persona que solicita un préstamo hipotecario, ¿puede después anular el contrato de préstamo por ese motivo?

En principio, no. Haber evaluado de forma incorrecta la solvencia del solicitante del préstamo no le concederá a la entidad bancaria la facultad de resolver, rescindir o modificar el contrato de préstamo con posterioridad, **salvo que se demuestre que el prestatario ocultó o falsificó la información de manera consciente.** Además, la entidad tampoco podrá resolver, rescindir o modificar el préstamo en perjuicio del prestatario por el hecho de que la información facilitada por el prestatario antes de celebrarse el contrato fuera incompleta (artículo 11.4 de la Ley 5/2019, de 15 de marzo).

2. ¿La persona que va a contratar el préstamo cómo puede conocer las condiciones generales de la contratación?

Las entidades bancarias deberán tener a disposición de los prestatarios los formularios de las condiciones generales de la contratación que utilicen, conforme a lo establecido en el artículo 7 de la Ley 5/2019, de 15 de marzo. Por lo tanto, esos formularios se inscribirán en el Registro de Condiciones Generales de la Contratación y la entidad prestamista deberá tenerlas disponibles a través de su página web, si dispone de ella. En caso de que no tenga página web, las tendrá gratuitamente a disposición de los prestatarios y potenciales prestatarios en sus establecimientos abiertos al público.

¿Estoy obligado a contratar productos vinculados como seguros con la entidad bancaria?

Con frecuencia, cuando se va a solicitar un préstamo hipotecario a la entidad bancaria, esta ofrece la contratación de determinados productos vinculados para mejorar las condiciones del préstamo, normalmente a través de una reducción de los tipos de interés. Por ejemplo, se ofrece la contratación de seguros, tarjetas o planes de pensiones.

Según el artículo 17 de la Ley 5/2019, de 15 de marzo, **están prohibidas las prácticas de venta vinculada en préstamos, salvo que la entidad demuestre que los productos vinculados u ofrecidos suponen un claro beneficio para los prestatarios.** En concreto, se autorizan las ventas vinculadas concretas cuando el prestamista pueda demostrar que los productos vinculados o las categorías de productos ofrecidos, en condiciones similares entre sí, que no se presenten por separado, acarrean un claro beneficio a los prestatarios, teniendo debidamente en cuenta la disponibilidad y los precios de los productos pertinentes ofrecidos en el mercado. En tales casos, el prestamista tendrá que informar adecuadamente de que se está contratando un producto vinculado, del beneficio y riesgo de pérdidas que puede suponer su contratación (especialmente en los productos de inversión) y de los efectos que, en su caso, supondría la cancelación anticipada del préstamo o de sus productos vinculados sobre los productos que se mantengan.

Con todo, será **nulo todo contrato vinculado al préstamo que, en perjuicio del prestatario, no cumpla con las exigencias anteriores**. Esa nulidad se limitará, eso sí, a las cláusulas del contrato de préstamo que afecten a esos productos vinculados, pero no se producirá la nulidad de todo el préstamo.

Por otra parte, y como excepción, la entidad bancaria podrá **exigir al prestatario que suscriba una póliza de seguro en garantía del cumplimiento de las obligaciones del contrato de préstamo,** y también la suscripción de un **seguro de daños con respecto al inmueble sobre el que se constituya la hipoteca** y del resto de seguros previstos en la normativa del mercado hipotecario. Y la entidad deberá **aceptar pólizas alternativas** de todos los proveedores que ofrezcan unas condiciones y un nivel de prestaciones equivalentes a las que él hubiera propuesto, tanto en la suscripción inicial como en cada una de las renovaciones. No podrá cobrar comisión o gasto alguno por el análisis de las pólizas alternativas que se le presenten por el prestatario. Además, la aceptación por el prestamista de una póliza alternativa, distinta de la propuesta por su parte, no podrá suponer empeoramiento en las condiciones de cualquier naturaleza del préstamo.

Especial mención merecen en este punto los tres tipos de seguros que habitualmente se contratan en relación con un préstamo hipotecario:

- El **seguro de hogar**. En los préstamos hipotecarios, la vivienda sobre la que se constituye la hipoteca y que actúa como garantía para la devolución del préstamo es de vital importancia, por lo que la entidad bancaria exigirá que se contrate y se mantenga en vigor un seguro de hogar para cubrir los posibles riesgos derivados, por ejemplo, de un incendio o de otro siniestro que se produzca en el inmueble. De hecho, con frecuencia incluso se incorporará la previsión de que, si el interesado no mantiene vigente ese seguro durante la vida del préstamo (por ejemplo, si no lo renueva en caso de ser de prima periódica), pueda contratarlo el propio banco en su nombre. Según lo antes indicado, este seguro puede contratarse con el banco o con una compañía aseguradora que este proponga, si así se desea; pero no es obligatorio hacerlo de ese modo y la entidad bancaria estará obligada a aceptar pólizas alternativas de otras aseguradoras, siempre que ofrezcan unas condiciones y un nivel de prestaciones equivalentes. Y, ello, evidentemente, sin coste adicional.

- El **seguro de protección de pagos**. Algo similar sucedería también con este tipo de seguros, que se dirigen a evitar el impago de las cuotas en supuestos de pérdida del trabajo o de incapacidad temporal. Por ejemplo, si el prestatario sufre un accidente y se encuentra de baja laboral, se abonarán las cuotas del préstamo por el tiempo que sea con cargo a este seguro. Por lo demás, puede contratarse de forma independiente o como cobertura adicional en un contrato de seguro de vida.

– El **seguro de vida**. Este tipo de seguros cubrirían el riesgo de impago en caso de fallecimiento o invalidez del prestatario. Según los casos, y tal y como informa la Dirección General de Seguros y Fondos de Pensiones (DGSFP) en su página web, los seguros de vida vinculados a préstamos pueden establecer como suma asegurada el importe del préstamo (designando como beneficiario al banco por la parte que aún quede pendiente de amortizar y al beneficiario que se elija por la restante) o bien fijar como suma asegurada el importe del capital pendiente desembolso en el momento que sea (o un porcentaje sobre él), siendo entonces el beneficiario siempre la entidad bancaria. Normalmente, la entidad bancaria exigirá su contratación y propondrá una determinada compañía aseguradora para concertarlo. Sin embargo, el prestatario no tiene obligación de aceptar esa oferta y la entidad bancaria tendrá que aceptar pólizas alternativas de otras aseguradoras, siempre que sus condiciones y su nivel de prestaciones sea equivalente al del seguro que ella había propuesto.

A TENER EN CUENTA. Cuando junto con la hipoteca se contrata un seguro vinculado, a través de la misma entidad bancaria, conviene prestar especial atención al modo en que se configura el seguro. Y es que, en algunas ocasiones, en lugar de establecerse que la prima del seguro se irá pagando periódicamente (por ejemplo, de forma anual), se fija una prima única, por todo el plazo de vigencia del contrato, que se satisface de una sola vez, al inicio. El prestatario debe ser adecuadamente informado de esta circunstancia, así como de las restantes condiciones del seguro, con sus coberturas y exclusiones; y, si por ejemplo amortiza la hipoteca anticipadamente y cancela ese seguro, tendrá derecho a que se le devuelva la parte proporcional de la prima única correspondiente al período de tiempo todavía pendiente, salvo que se haya estipulado otra cosa en el contrato.

Finalmente, el banco también podrá vincular el préstamo a que el prestatario, su cónyuge, pareja de hecho, o un pariente por consanguinidad o afinidad hasta el segundo grado de parentesco, contrate ciertos productos financieros establecidos por orden ministerial, siempre que sirva de soporte operativo o de garantía a las operaciones de un préstamo y que el deudor y los garantes reciban información precisa y detallada.

En concreto, cuando se solicite la contratación de **préstamos hipotecarios a interés variable**, las entidades bancarias **ofrecerán al menos un instrumento, producto o sistema de cobertura del riesgo de incremento del tipo de interés, siempre que este resulte adecuado para el cliente**. Las características de dicho instrumento, producto o sistema de cobertura se harán constar en las ofertas vinculantes y en los demás documentos informativos. Así lo establece el artículo 19 de la Ley 36/2003, de 11 de noviembre, de medidas de reforma económica.

CUESTIONES

1. ¿Qué productos suelen ofrecer las entidades bancarias para cubrir el riesgo de subida del tipo de interés del préstamo hipotecario?

Normalmente, suelen ofrecerse contratos que protegen contra la subida del tipo de interés por encima de un máximo y para un determinado período de tiempo (*cap* sobre tipos de interés) o que suponen cambiar el tipo de interés variable por uno fijo durante el período de tiempo que se establezca (*swap,* permuta financiera, de tipos de interés o IRS).

2. Al contratar un préstamo hipotecario, el prestatario ha contratado un seguro de vida de pago periódico anual con la compañía aseguradora que le recomendó el banco. ¿Puede después cancelarlo para cambiarlo a otra aseguradora?

Conforme al artículo 83.a).1 de la Ley 50/1980, de 8 de octubre, de Contrato de Seguro (LCS), el tomador del seguro en un contrato de seguro individual de duración superior a seis meses que haya estipulado el contrato sobre la vida propia o la de un tercero tendrá la facultad unilateral de resolver el contrato sin indicación de los motivos y sin penalización alguna dentro del plazo de 30 días siguientes a la fecha en la que el asegurador le entregue la póliza o documento de cobertura provisional. Ahora bien, se exceptúan de esta facultad unilateral de resolución los seguros en los que el tomador asume el riesgo de la inversión, así como los contratos en los que la rentabilidad garantizada esté en función de inversiones asignadas en los mismos. Eso sí, para ejercer esta facultad convendría revisar bien las condiciones del préstamo, ya que normalmente cambiarán.

Por otra parte, si el seguro es de renovación periódica (como en este caso), las partes pueden oponerse a su prórroga mediante una notificación escrita a la otra parte, realizada con un plazo de, al menos, un mes de anticipación a la conclusión del período del seguro en curso cuando quien se oponga a la prórroga sea el tomador, y de dos meses cuando sea el asegurador (artículo 22.2 de la LCS).

5.3. La firma de la hipoteca en la notaría

Los trámites en la notaría: el acta previa y la escritura pública de préstamo

Una vez que la entidad bancaria acuerda la concesión del préstamo hipotecario y se completan los distintos trámites precontractuales a realizar con el banco, la firma y formalización definitiva de la operación se realiza en la notaría. Como ya se ha indicado en otras ocasiones, la válida constitución de la hipoteca sobre el inmueble que se aporte como garantía exige su documentación en escritura pública y su inscripción en el registro de la propiedad. Por ese motivo, **el préstamo con garantía hipotecaria se otorgará en escritura pública y se firmará ante notario**.

Con todo, lo cierto es que la labor del notario en este ámbito no se limita a la redacción de la escritura según las condiciones que se hayan fijado para el préstamo y la rúbrica en sí del documento por las distintas partes. Su papel va bastante más allá, ya que **el notario se configura como un garante de los derechos del consumidor que contrata el préstamo** y ha de velar porque la operación se celebre con transparencia y en debida forma. De hecho, así lo consagra la propia Ley 5/2019, de 15 de marzo, cuando en su preámbulo (parte IV) señala que toda su regulación de la fase previa a la firma del préstamo, con sus estrictas exigencias de información y transparencia, «*se complementa atribuyendo al notario la función de asesorar imparcialmente al prestatario, aclarando todas aquellas dudas que le pudiera suscitar el contrato, y de comprobar que tanto los plazos como los demás requisitos que permiten considerar cumplido el citado principio de transparencia material, especialmente los relacionados con las cláusulas contractuales de mayor complejidad o relevancia en el contrato, concurren al tiempo de autorizar en escritura pública el contrato de préstamo o crédito hipotecario*».

Con una antelación mínima de 10 días naturales con respecto al momento de la firma del contrato, según lo visto en el apartado previo, la entidad bancaria deberá advertir al prestatario de la obligación de recibir **asesoramiento personalizado y gratuito del notario que elija** para la autorización de la escritura pública del préstamo, en relación con el contenido y las consecuencias de la oferta vinculante y el resto de documentación que se le entregue con ella. Una documentación que, además, deberá remitírsele a ese notario, junto con la manifestación firmada por el prestatario, en la que declare que ha recibido la documentación y que le ha sido explicado su contenido.

De todo ello, se extraen dos conclusiones iniciales y de gran relevancia para el prestatario:

- La primera, que **el prestatario tendrá derecho a elegir el notario para que se encargue de la escritura del préstamo y que le asesore de forma gratuita e imparcial**. En ese sentido, de hecho, el portal web del Consejo General del Notariado (notariado.org) tiene un acceso directo desde su pantalla principal que permite seleccionar a dicho notario, bajo el título «¿Va a contratar un préstamo hipotecario? Elija notario».

- La segunda conclusión es que toda **la información y documentación mencionada se le va a remitir a ese notario por vía telemática**, sin coste para el interesado. De ese modo, el notario, con carácter previo a la firma del préstamo, podrá extraer la documentación para preparar y autorizar el acta y la escritura.

Así las cosas, y sin perjuicio de las explicaciones que la propia entidad bancaria ofrezca al prestatario en relación con la operación, **el prestatario tendrá que comparecer ante el notario elegido para obtener presencialmente** su asesoramiento (artículo 15 de la Ley 5/2019, de 15 de marzo).

Dicho notario verificará la documentación que se le haya enviado y comprobará que efectivamente se ha cumplido los requisitos exigidos por la normativa. Si efectivamente entiende que es así y que está acreditado el cumplimiento de las condiciones necesarias, el notario lo hará constar en un **acta notarial previa a la formalización del préstamo**. En esa acta se hará referencia al cumplimiento de los plazos de entrega de la oferta vinculante y la restante documentación a entregar por la entidad bancaria, de las cuestiones planteadas por el prestatario y el asesoramiento que el propio notario le haya prestado. Además, el notario deberá informar en todo caso y de manera individualizada, haciéndolo constar en el acta, de que ha prestado asesoramiento relativo a las cláusulas específicas recogidas en la Ficha Europea de Información Normalizada (FEIN) y en la Ficha de Advertencias

Estandarizadas (FiAE), de forma individualizada y con referencia expresa a cada una, sin que sea suficiente una afirmación genérica. Asimismo, y en presencia del notario, el prestatario responderá a un test que tendrá por objeto concretar la documentación entregada y la información suministrada.

Para que se formalice el acta notarial previa, el prestatario tendrá que acudir a la notaría **como muy tarde el día anterior al de la autorización de la escritura** pública de préstamo. El notario no cobrará por el acta, será **gratuita.**

> **A TENER EN CUENTA.** Si en el préstamo se establece alguna garantía adicional (como una fianza), la obligación de comparecencia ante el notario y las normas de protección establecidas para el prestatario se extienden también a las personas físicas que actúen como fiadoras o garantes del préstamo.

Este requisito previo es **imprescindible para que pueda formalizarse la escritura pública del préstamo**: si no se comparece para recibir el asesoramiento del notario en plazo, este lo hará constar en el acta y no podrá autorizarse la escritura de préstamo. Y lo mismo sucedería también si, tras revisar la documentación, el notario entiende que no queda suficientemente demostrado el cumplimiento de los requisitos exigidos para la fase precontractual (por ejemplo, si en la tramitación con la entidad bancaria se incumplieron plazos u otras formalidades).

Finalmente, el último paso para la firma del préstamo hipotecario se producirá con la **formalización de la escritura pública del préstamo**, también en la notaría y con presencia de ambas partes (entidad financiera y prestatario o prestatarios, o bien de representantes debidamente apoderados en su lugar). En ella se insertará una reseña identificativa del acta previa ya mencionada, en la que se identificará el acta y su fecha, y se incluirá la afirmación del notario (bajo su responsabilidad) de que, conforme a ella, el prestatario recibió en plazo la documentación y el asesoramiento oportunos. Por lo demás, el notario que autorice la escritura le entregará al prestatario una copia simple sin coste.

Sin embargo, lo cierto es que el control de la operación tampoco terminará aquí, puesto que, como último paso, la escritura se inscribirá en el registro de la propiedad. Y ello supondrá que, antes de practicar la inscripción, el registrador de la propiedad compruebe que se han cumplido las formalidades necesarias. No en vano, el artículo 22.2 de la Ley 5/2019, de 15 de marzo, establece expresamente que el registrador no inscribirá ninguna escritura referida a este tipo de préstamos en la que no conste la reseña del acta.

> **CUESTIÓN**
>
> **¿Qué valor tiene el acta notarial previa a la formalización del préstamo hipotecario?**
>
> El contenido de esa acta se presume veraz e íntegro, y hará prueba del asesoramiento prestado por el notario y de la manifestación de que el prestatario comprende y acepta el contenido de los documentos descritos, de cara a cumplir con el principio de transparencia en su vertiente material.

5.4. Los gastos que conlleva la hipoteca y quién debe asumirlos

El préstamo hipotecario y sus gastos: ¿los paga el banco o el cliente?

Antes de la Ley 5/2019, de 15 de marzo, se sucedieron múltiples pronunciamientos judiciales por la problemática suscitada en torno a los gastos hipotecarios. Y es que, no en vano, la formalización de un préstamo hipotecario conlleva una serie de gastos (notaría, registro, tasación, etc.) que, en un primer momento, las entidades bancarias hacían recaer íntegramente sobre el prestatario, ante la falta de una normativa clara al respecto. El Tribunal Supremo empezó a poner coto a esa práctica en el año 2015, al considerar que las cláusulas que imponían todos los gastos al cliente eran abusivas y nulas, generando un importante desequilibrio entre las partes (cuando, en el fondo, aunque es cierto que el préstamo es un negocio que se celebra en favor del cliente, también lo es que la garantía que representa la hipoteca se constituye en beneficio del banco).

Finalmente, la Ley 5/2019, de 15 de marzo, puso fin a la controversia y reguló de manera clara el reparto de los gastos derivados del préstamo hipotecario entre ambas partes, como una medida más dirigida a la protección de los consumidores que contratasen ese tipo de productos. Así, y, de hecho, uno de los extremos sobre los que se ha de informar al cliente en la tramitación previa a la firma del contrato es sobre los gastos que asumirá cada uno:

– Corresponderán al **prestamista** (la entidad bancaria):

- Los gastos de **gestoría**. Habitualmente, las entidades bancarias suelen exigir que algunos de los trámites de la operación se realicen a través de una gestoría, como la liquidación de impuestos o la inscripción en el registro.

- El coste de los **aranceles notariales de la escritura de préstamo hipotecario**. Los de las copias los asumirá, sin embargo, quien las solicite. El acta notarial previa a la formalización de la escritura de préstamo hipotecario y el asesoramiento que ha de dar presencialmente al prestatario en el marco de esa actuación son gratuitos. Sin embargo, el otorgamiento de la escritura pública del préstamo sí está sujeto a un coste, que asumirá la entidad que concede el préstamo.

- Los gastos de **inscripción de las garantías (la hipoteca) en el registro de la propiedad**. Para que quede válidamente constituida y despliegue todos sus efectos, la garantía hipotecaria debe inscribirse en el registro de la propiedad, lo que genera costes registrales. Parece lógico que lo costee la entidad bancaria, en la medida en la que es la favorecida por esa garantía.

- Corresponderán al **prestatario** (el cliente) los **gastos de tasación** del inmueble. Los inmuebles que se aporten como garantía tendrán que ser tasados adecuadamente antes de que se celebre el contrato de préstamo, pues solo así se sabrá cuál es el valor de la vivienda que se ofrece en garantía y hasta qué punto realmente asegura la devolución del préstamo. La tasación se realizará por una sociedad de tasación, servicio de tasación de una entidad de crédito y/o profesional homologado, independiente de la entidad bancaria o del intermediario que intervenga en su lugar; utilizando normas de tasación fiables y reconocidas internacionalmente, de conformidad con la Orden ECO/805/2003, de 27 de marzo, sobre normas de valoración de bienes inmuebles y de determinados derechos para ciertas finalidades financieras. Por lo demás, lo cierto es que las entidades bancarias están obligadas a aceptar cualquier tasación de un bien aportada por el cliente, siempre que sea realizada por un tasador homologado y no esté caducada según lo dispuesto legalmente; y ello, sin perjuicio de que la entidad pueda realizar las comprobaciones que considere pertinentes, de las que en ningún caso podrá repercutir su coste al cliente que aporte la certificación (artículo 20 del Real Decreto-ley 24/2021, de 2 de noviembre). Lo cual, por lo demás, parece lógico en la medida en que es el prestatario el que asume este gasto.

- El pago del ITPyAJD se realizará según establezca la normativa tributaria. En concreto, y sin perjuicio de que se profundice más sobre esta cuestión en el epígrafe correspondiente a los impuestos en la hipoteca, lo cierto es que la constitución del préstamo hipotecario en escritura pública estará sujeta a la **modalidad de actos jurídicos documentados (documentos notariales) del ITPyAJD**, siendo su sujeto pasivo el **prestamista**.

Sin perjuicio de todo lo anterior, y como particularidad, en aquellos supuestos en los que **durante el plazo del préstamo se produzcan una o varias subrogaciones** (esto es, cambios en las partes de la hipoteca, por cambiarla a otro banco o sustituirse el prestatario inicial por otro), si lo que se cambia es el prestamista: la nueva entidad bancaria tendrá que abonar a la entidad a la que reemplace la parte proporcional del impuesto y los gastos que le correspondieron en el momento de la constitución del préstamo. El importe que corresponda como compensación se calculará conforme a las siguientes reglas:

- En el caso del impuesto pagado por la cuota de actos jurídicos documentados, documentos notariales, se hará la liquidación del impuesto que correspondería a una base imponible integrada por la cantidad total garantizada; entendiéndose por tal el importe del préstamo pendiente de amortización en la fecha de la subrogación y los correspondientes intereses, indemnizaciones, penas por incumplimiento y otros conceptos análogos que se hubieran establecido. La entidad que se subrogue deberá reintegrar a la reemplaza el importe que resulte de esa liquidación.

- Para los restantes gastos deberá prorratearse la liquidación de esos gastos entre la suma del importe del préstamo y los correspondientes intereses, indemnizaciones, penas por incumplimiento y otros conceptos análogos que se hubieran establecido. La entidad que se subrogue deberá reintegrar a la que reemplaza la parte de esa suma que corresponda al préstamo pendiente de amortización.

|| Otros gastos o comisiones a pagar al banco

En el punto anterior nos referimos a los gastos que genera la formalización del préstamo hipotecario y que se han de satisfacer a terceros ajenos a las partes del contrato (el notario, el registrador, la empresa de tasación, etc.). Sin embargo, junto con ellos, seguramente se generarán otros costes para el prestatario por la contratación del propio préstamo o la realización de algunas operaciones o cambios en relación con él. Son gastos que, en su caso, cobrará la entidad bancaria.

> **A TENER EN CUENTA.** Dejamos al margen, por supuesto, el coste asociado a los productos adicionales que el prestatario pueda contratar como vinculados al préstamo hipotecario, como seguros de vida, del hogar o tarjetas bancarias.

La entidad bancaria solo podrá repercutir gastos o percibir comisiones por **servicios relacionados con los préstamos que hayan sido solicitados en firme o aceptados expresamente** por un prestatario o prestatario potencial y siempre que **respondan a servicios efectivamente prestados o gastos habidos que puedan acreditarse.**

En el caso de que se acordase una **comisión de apertura**, la comisión se devengará una sola vez y englobará la totalidad de los **gastos de estudio, tramitación o concesión del préstamo u otros similares** inherentes a la actividad del prestamista, ocasionada por la concesión del préstamo. En el caso de préstamos denominados en divisas, la comisión de apertura incluirá, asimismo, cualquier comisión por cambio de moneda correspondiente al desembolso inicial del préstamo.

En caso de que el **prestatario decida reembolsar anticipadamente el préstamo**, esto es, abonar de manera anticipada en todo o en parte la cantidad pendiente del préstamo, la entidad bancaria no podrá cobrar compensación o comisión por reembolso o amortización anticipada total o parcial en los préstamos fuera de los siguientes tres casos (artículo 23 de la Ley 5/2019, de 15 de marzo):

– En los contratos de **préstamo a interés variable**, o en aquellos tramos variables de cualquier otro préstamo, las partes podrán establecer contractualmente una compensación o comisión a favor de la entidad bancaria para alguno de los dos siguientes supuestos que serán excluyentes entre sí:

  • En caso de reembolso o amortización anticipada total o parcial del préstamo durante los cinco primeros años de vigencia del contrato de préstamo, se podrá establecer una compensación o comisión a favor del prestamista que no podrá exceder del importe de la pérdida financiera que pudiera sufrir el prestamista, conforme a la forma de cálculo que establece el artículo 23.8 de la Ley 5/2019, de 15 de marzo, con el límite del 0,15 % del capital reembolsado anticipadamente.

- O bien, en caso de reembolso o amortización anticipada total o parcial del préstamo durante los tres primeros años de vigencia del contrato de préstamo, se podrá establecer una compensación o comisión a favor del prestamista que no podrá exceder del importe de la pérdida financiera que pudiera sufrir el prestamista, conforme a la forma de cálculo del artículo 23.8 de la Ley 5/2019, de 15 de marzo, con el límite del 0,25 % del capital reembolsado anticipadamente.

− En caso de **cambio del tipo de interés aplicable** o de **subrogación de un tercero en los derechos del acreedor** (el banco), siempre que en ambos supuestos suponga la aplicación durante el resto de vigencia del contrato de un **tipo de interés fijo** o con un primer período fijo de, al menos, tres años, en sustitución de otro variable, la compensación o comisión por reembolso o amortización anticipada no podrá superar la pérdida financiera que pudiera sufrir el prestamista, con el límite del 0,05 % del capital reembolsado anticipadamente, durante los tres primeros años de vigencia del contrato de préstamo. Si en la modificación no se produjera amortización anticipada de capital, no podrá cobrarse comisión alguna por este concepto. Por otra parte, transcurridos los tres primeros años de vigencia del préstamo, la entidad bancaria no podrá exigir compensación o comisión alguna en caso de modificación del tipo de interés aplicable o de subrogación de acreedor en los que se pacte la aplicación, en adelante y para el resto de la vida del préstamo, de un tipo de interés fijo o con un primer período fijo de, al menos, tres años.

− En los contratos de **préstamo a interés fijo** o en aquellos tramos fijos de cualquier otro préstamo, podrá establecerse contractualmente una compensación o comisión a favor de la entidad bancaria que tendrá los siguientes límites:

- En caso de reembolso o amortización anticipada total o parcial del préstamo durante los diez primeros años de vigencia del contrato de préstamo o desde el día que resulta aplicable el tipo fijo, se podrá establecer una compensación o comisión a favor del prestamista que no podrá exceder del importe de la pérdida financiera que pudiera sufrir el prestamista, de conformidad con la forma de cálculo del artículo 23.8 de la Ley 5/2019, de 15 de marzo, con el límite del 2 % del capital reembolsado anticipadamente.

- Y, en caso de reembolso o amortización anticipada total o parcial del préstamo desde el fin del período señalado el punto anterior hasta el final de la vida del préstamo, se podrá establecer una compensación o comisión a favor de la entidad bancaria que no podrá exceder del importe de la pérdida financiera que pudiera sufrir el prestamista, de acuerdo con la forma de cálculo del artículo 23.8 de la Ley 5/2019, de 15 de marzo, con el límite del 1,5 % del capital reembolsado anticipadamente.

A TENER EN CUENTA. De manera excepcional, como parte del paquete de medidas económicas y sociales adoptado por el Real Decreto-ley 19/2022, de 22 de noviembre, se suspende el pago de algunas de las comisiones mencionadas en los puntos anteriores durante el año 2024 (disposición adicional primera de la norma). En concreto, **hasta el 31 de diciembre de 2024 no se devengarán** compensaciones o comisiones por reembolso o amortización anticipada total y parcial de los préstamos y créditos hipotecarios a tipo de interés variable en los dos primeros supuestos de hecho señalados. Tampoco se devengará durante ese período ningún tipo de comisiones por la conversión de tipo variable a tipo fijo o con un primer período fijo de, al menos, tres años de dichos préstamos y créditos.

CUESTIÓN

¿Qué son los aranceles notariales?

La retribución que los notarios perciben por sus servicios se regula por el denominado «arancel notarial», que es vinculante para todos los notarios y se establece en el Real Decreto 1426/1989, de 17 de noviembre. Esta norma fija una serie de precios oficiales para los distintos servicios que se prestan en la notaría y unas reglas generales para su aplicación. Por lo tanto, sus honorarios en principio son estándar y sobre ellos los notarios pueden hacer un descuento de hasta el 10 % (artículo 35.2 del Real Decreto-ley 6/2000, de 23 de junio); aunque, en el fondo, el coste puede variar si se prestan servicios adicionales o en función de cómo se interpreten o apliquen los distintos conceptos por parte del profesional.

5.5. La novación y subrogación de hipoteca

Principales cambios que pueden afectar a las partes o a las condiciones del préstamo hipotecario

El préstamo hipotecario es una operación que, en realidad, se prolonga durante un largo período de tiempo, que normalmente ronda entre los 20 y los 30 años. Por ese motivo, no es extraño que, con el paso del tiempo, pueda verse afectado por modificaciones que alcancen tanto a las partes del negocio jurídico como a las condiciones en las que inicialmente se formalizó. En general, los cambios que pueden afectar a un préstamo hipotecario pueden producirse por tres vías:

– Variando sus condiciones.

– Reemplazando la persona del deudor o prestatario por otra.

– Reemplazando al acreedor o prestamista (la entidad bancaria) por otro.

Por lo tanto, las modificaciones pueden ser subjetivas (afectar a los sujetos de la operación) u objetivas (afectar al resto de las condiciones del préstamo).

A continuación, veremos su régimen básico, pero antes de hacerlo conviene realizar dos apuntes:

- En cualquiera de los casos, se está alterando un negocio jurídico celebrado en **escritura pública**, por lo que los cambios se formalizarán también por esa misma vía, en escritura pública ante notario.

- En este ámbito, junto con la normativa civil general (recogida, básicamente, en el Código Civil y la Ley Hipotecaria), hay que atender a una norma específica, que es la Ley 2/1994, de 30 de marzo, sobre subrogación y modificación de préstamos hipotecarios.

La novación del préstamo hipotecario por modificación de sus condiciones objetivas

En general, cuando se habla de novación hipotecaria se está haciendo referencia a aquellos supuestos en los que **se altera alguna o algunas de las condiciones del préstamo** garantizado con hipoteca (como el capital, el plazo o los tipos de interés) sin cambiarla de banco.

A TENER EN CUENTA. La novación puede implicar una simple modificación con mantenimiento del préstamo con vida (novación modificativa) o bien conllevar una extinción o cancelación del préstamo (novación extintiva). Esta última posibilidad implica que con la modificación del préstamo se produzca su cancelación, por ejemplo, si se cancela anticipadamente; pero aquí nos referiremos tan solo a novaciones modificativas (la posibilidad de amortización anticipada se menciona en el último epígrafe, referido a distintas cuestiones básicas sobre la vida y finalización del préstamo hipotecario).

Las escrituras públicas de modificación de préstamos hipotecarios podrán referirse a una o varias de las circunstancias siguientes (artículo 4 de la Ley 2/1994, de 30 de marzo):

- La ampliación o reducción de **capital**. Se modifica la cifra o importe del préstamo, aumentándolo o disminuyéndolo.

- La alteración del **plazo**. El plazo de amortización también puede ampliarse o reducirse.

- Las condiciones del **tipo de interés** inicialmente pactado o vigente. Se cambian las condiciones del interés que se había pactado en un primer momento; por ejemplo, puede cambiarse el diferencial estipulado o sustituirse un tipo de interés variable por un fijo (o, al contrario, uno fijo por uno variable).

- El **método o sistema de amortización** y cualquier **otra condición financiera** del préstamo.

- La **prestación o modificación de las garantías personales**.

Ahora bien, las modificaciones que se realicen conforme a lo anterior nunca podrán suponer una alteración o pérdida del rango de la hipoteca inscrita, salvo que impliquen un incremento de la cifra de responsabilidad hipotecaria o la ampliación del plazo del préstamo por ese incremento o ampliación. Entonces, se necesitará la aceptación por los titulares de derechos inscritos con rango posterior, de acuerdo con la normativa vigente, para mantener el rango. En ambos casos, se harán constar en el registro mediante nota al margen de la hipoteca objeto de novación modificativa. No podrá hacerse cuando conste registralmente petición de información sobre la cantidad pendiente en ejecución de cargas posteriores.

A TENER EN CUENTA. El rango de una hipoteca entra en juego cuando se constituyen varias hipotecas sobre un mismo inmueble. Se refiere a la posición jerárquica que una hipoteca tiene con respecto a las demás que recaigan sobre el mismo bien. La condición de primera, segunda o posterior hipoteca tiene efectos económicos y otorga preferencia de cara a una eventual ejecución de la garantía para cobrar el préstamo u obligación garantizada. Por ese motivo, no se permite que una modificación de las condiciones del préstamo afecte al rango de la hipoteca en relación con otras que puedan gravar el mismo inmueble, salvo en los casos y la forma indicada en el párrafo anterior.

La novación o modificación del préstamo hipotecario se negociará con la entidad bancaria, pues será necesario el consentimiento de ambas partes para que pueda llevarse a cabo. Por otra parte, en los casos de novación modificativa del préstamo resultarán de aplicación las reglas que establece la Ley 5/2019, de 15 de marzo. Por ejemplo, el banco tendrá que entregar la oportuna documentación e información precontractual al menos diez días antes de que se firme el cambio de condiciones, existirá asesoramiento por parte del notario y habrá que respetar el reparto de gastos fijado legalmente. Y es que, no en vano, este tipo de operaciones conlleva gastos notariales y registrales; e incluso puede suponer también gastos de gestoría o de tasación, dependiendo del tiempo que haya pasado desde la firma del préstamo y del alcance de la modificación.

Por otra parte, y por lo que se refiere a las comisiones, lo normal será que en las condiciones originales del préstamo se hubiera previsto el pago de una comisión al banco para el caso de novación modificativa o modificación de las condiciones. Esas comisiones suelen consistir en un porcentaje sobre el capital pendiente de pago del préstamo y no pueden sobrepasar los límites que para ciertos casos establece la ley. Por ejemplo, si el objeto de la novación modificativa es ampliar el plazo del préstamo, la entidad no podrá percibir por comisión de modificación de condiciones más del 0,1 % de la cifra de capital pendiente de amortizar (artículo 10 de la Ley 2/1994, de 30 de marzo).

|| El reemplazo o subrogación del deudor o prestatario

En estrictos términos jurídicos, lo cierto es que el **reemplazo o cambio del deudor o prestatario por otro diferente** constituye un tipo específico de novación en la que se modifica el titular o deudor del préstamo hipotecario. No obstante, normalmente en estos casos suele hablarse de subrogación deudora o de subrogación en la posición del deudor. Sea como fuere, esta modificación supone que una nueva persona pasa a ocupar el lugar del deudor y asume sus derechos y obligaciones, quedando el primero liberado. Es algo que sucederá con frecuencia cuando la vivienda se compre a un vendedor que ya la tenía hipotecada y cuyo préstamo todavía no se ha devuelto íntegramente.

Así, el artículo 118 de la Ley Hipotecaria determina que, en caso de que **se venda un inmueble hipotecado**, si el vendedor y el comprador pactan que este último se subrogará, no solo en las responsabilidades derivadas de la hipoteca, sino también en la obligación personal con ella garantizada (el préstamo), el vendedor quedará desligado de esa obligación, siempre que el acreedor preste su consentimiento expresa o tácitamente (sería la entidad bancaria prestamista). Si, por el contrario, no se hubiera acordado la transmisión del préstamo, pero el comprador descontase su importe del precio de la venta, o lo retuviera y al vencimiento de la obligación fuera pagado por el deudor que vendió la finca, el vendedor quedará subrogado en el lugar del banco hasta que el comprador le reembolse el total importe retenido o descontado (podría reclamárselo).

A TENER EN CUENTA. Según indica el Banco de España en su portal web, para que pueda venderse una vivienda hipotecada, el banco tendría que emitir un certificado de saldo que incluya los intereses vencidos no pagados para que el comprador, en caso de no subrogar la hipoteca que pesa sobre el inmueble, liquide la deuda mediante cheque ante notario o mediante una «OMF BdE» (Orden de Movimiento de Fondos a través del Banco de España). Con ello, el inmueble quedaría liberado de la hipoteca y podría venderse sin cargas.

En caso de subrogación de deudor en la obligación personal que se produzca con ocasión de la transmisión del bien hipotecado, resultarán de aplicación las mismas normas que establece la Ley 5/2019, de 15 de marzo, para la contratación del préstamo hipotecario. Por otro lado, si quien vende una vivienda ya hipotecada es un empresario y va a pactar con el comprador que este se subrogue en un préstamo hipotecario sometido a Ley 5/2019, de 15 de marzo, tendrá que comunicarlo a la entidad bancaria prestamista con al menos 30 días de antelación a la fecha de la firma prevista; el objetivo es que el prestamista pueda realizar el necesario análisis de su solvencia y cumplir con los requisitos de información precontractual y demás obligaciones exigidas en esa norma, dando tiempo al potencial prestatario a buscar alternativas de financiación hipotecaria. Así lo establece expresamente la disposición adicional séptima de la Ley 5/2019, de 15 de marzo.

Por lo demás, la sustitución de un deudor por otro distinto **no puede hacerse sin el consentimiento del acreedor** (artículo 1205 del CC). Y es que, en el fondo, a la entidad bancaria no le es indiferente quién sea el titular del préstamo: al concederlo, realizó un estudio de la solvencia y capacidad económica del prestatario o prestatarios, por lo que su cambio por otro u otros le afectará, y mucho.

Finalmente, conviene resaltar que el cambio del titular o deudor de la hipoteca conlleva gastos, no solo notariales y registrales o de otro tipo que puedan generarse; sino que la **entidad bancaria también podrá cobrar una comisión** por los trámites que suponga.

CUESTIÓN

¿Qué puede hacer el comprador de una vivienda que ya está hipotecada?

Quien vaya a comprar un inmueble sobre el que ya pese una hipoteca tendría tres opciones: exigirle al vendedor que cancele la hipoteca antes de la compra (de ser así, estaría comprando un inmueble libre de cargas); retener del precio de la venta la cantidad que esté pendiente por la hipoteca y pagársela él directamente al banco; subrogarse en la hipoteca previa, para lo cual tendrá que contar con el consentimiento de la entidad bancaria prestamista.

La subrogación de una nueva entidad bancaria o prestamista en el préstamo hipotecario

Cuando se produce una subrogación en la persona del acreedor, **se sustituye la entidad bancaria original por otra diferente**. Es lo que habitualmente se conoce como «cambiar la hipoteca de banco»; una operación que se realiza con el objetivo de mejorar las condiciones del préstamo hipotecario.

En estos casos, la normativa civil permite que se realice la subrogación **sin el consentimiento de la primera entidad bancaria**, siempre que para llevar a cabo ese cambio se haya **tomado prestado el dinero de la nueva entidad a la que se traslada el préstamo en escritura pública, haciendo constar en ella ese propósito y expresando de dónde procede** esa cantidad. En otras palabras, sería como si el nuevo banco al que se cambia la hipoteca concediera un préstamo que se utiliza para pagar el que se tenía contratado con el primero. Es una posibilidad que parte del artículo 1211 del CC y que se desarrolla más en detalle en los artículos 2 y siguientes de la Ley 2/1994, de 30 de marzo.

La entidad que esté dispuesta a subrogarse presentará al deudor una **oferta vinculante en la que constarán las condiciones financieras del nuevo préstamo hipotecario**. Asimismo, junto con la oferta vinculante, le entregará un **documento informativo sobre los gastos de la subrogación**, incluyendo los límites máximos legales de la comisión a percibir por parte de la entidad acreedora. Ese documento de información tendrá que respetar el régimen de distribución de gastos que establece la Ley 5/2019, de 15 de marzo (ya estudiado en el epígrafe de la guía referido a los gastos de la hipoteca).

A TENER EN CUENTA. Recordamos que el artículo 14.1.e) de la Ley 5/2019, de 15 de marzo, referido al reparto de gastos, recogía una previsión específica para los casos en los que a lo largo del período de duración del préstamo se produzcan una o varias subrogaciones en la posición del prestamista. Conforme a ella, la nueva entidad bancaria tendrá que abonar a la entidad a la que reemplace la parte proporcional del impuesto y los gastos que le correspondieron en el momento de la constitución del préstamo; calculándose esa compensación en la forma que determina el precepto y que se estudia más en detalle en el epígrafe antes mencionado.

Si el deudor o prestatario acepta esa oferta estará autorizando al nuevo banco para que se la notifique al previo y para que le requiera la entrega, en el plazo máximo de siete días naturales, de una certificación del importe del débito del deudor por el préstamo hipotecario en el que se va a hacer la subrogación. Cuando la anterior entidad bancaria entregue esa certificación, tendrá **derecho a evitar la subrogación** si, en el plazo máximo de 15 días naturales a contar desde esa entrega, formaliza con el deudor una novación modificativa del préstamo. En caso contrario, para que la subrogación surta efectos, bastará con que la entidad subrogada declare en la misma escritura haber pagado a la acreedora la cantidad acreditada por esta, por capital pendiente e intereses y comisión devengados y no satisfechos. Se incorporará a la escritura un resguardo de la operación bancaria realizada con esa finalidad solutoria.

La entidad bancaria inicial **no tendrá en ningún caso derecho a rechazar el pago**. No obstante, si el pago aún no se hubiera efectuado porque la entidad acreedora no hubiese comunicado la cantidad acreditada o se negase por cualquier causa a admitir su pago, bastará con que la entidad subrogada la calcule, bajo su responsabilidad y asumiendo las consecuencias de su error (que no serán repercutibles al deudor); y, tras manifestarlo, deposite dicha suma en poder del notario que autorice la escritura de subrogación, a disposición de la entidad acreedora. En ese sentido, el notario notificará a la entidad acreedora, remitiéndole copia autorizada de la escritura de subrogación, y aquella podrá alegar error en la misma forma, dentro de los ocho días siguientes. En tal caso, y sin perjuicio de que la subrogación surta todos sus efectos, la cuestión se decidirá en sede judicial: a petición de cualquiera de las dos entidades bancarias, se citará a ambas para que acudan a una comparecencia en el juzgado competente, en la que podrán exponer lo que estimen conveniente y aportar los documentos necesarios.

La subrogación se formalizará en **escritura pública ante notario**. En esa escritura de subrogación solo se podrá pactar la modificación de las condiciones del tipo de interés, tanto ordinario como de demora, inicialmente pactado o vigente, así como la alteración del plazo del préstamo, o ambas. Si se quieren modificar otras condiciones habrá que hacer una novación. Además, para que la subrogación produzca todos sus efectos, no solo entre las partes, sino también frente a terceros, tendrá que hacerse constar en el registro de la propiedad.

El traslado del préstamo hipotecario a un nuevo banco suele tener mayores costes que la modificación de sus condiciones con mantenimiento de la misma entidad, aunque inferiores a los de contratación de una hipoteca nueva. Habrá que afrontar una serie de comisiones por la cancelación del primer préstamo (comisiones) y otras por la nueva contratación con otro banco (por ejemplo, puede ser necesaria una nueva tasación, y también puede haber comisiones de apertura).

Dejando al margen las comisiones de apertura y demás gastos (ya vistas en el epígrafe de gastos), nos centraremos en las comisiones que suele exigir el banco que se abandona. Para aquellos préstamos hipotecarios o subrogaciones posteriores al 16 de junio de 2019, las **comisiones por reembolso o amortización anticipada** deberán respetar los límites que establece el artículo 23 de la Ley 5/2019, de 15 de marzo (se desarrollan en el punto referido a los gastos de la hipoteca).

5.6. Los impuestos en la hipoteca: la cuota de AJD

¿Cómo tributa la formalización de un préstamo con garantía hipotecaria?

El préstamo con garantía hipotecaria se formaliza en escritura pública ante notario, por lo que la tributación de la operación se producirá, en su caso, a través de la **modalidad de actos jurídicos documentados**, documentos notariales, del ITPyAJD.

Esta modalidad del ITPyAJD somete a gravamen los documentos notariales en determinados términos. En concreto, las escrituras, actas y testimonios notariales que reúnan determinados requisitos. Se satisface a través de una cuota fija y una cuota variable (apartados 1 y 2 del artículo 31 de la LITPyAJD):

- **Cuota fija**. Esta cuota del impuesto se refiere al papel timbrado en el que se extienden los documentos notariales. Las matrices y las copias de las escrituras y actas notariales, así como los testimonios, se otorgan en todo caso en papel timbrado de 0,30 euros por pliego o 0,15 euros por folio, a elección del notario. Las copias simples no estarán sujetas al impuesto; pero esta cuota fija también se aplicará a la segunda y sucesivas copias expedidas a nombre de un mismo otorgante.

- **Cuota variable o gradual**. Las primeras copias de escrituras y actas notariales, cuando tengan por objeto una cantidad o cosa valuable, contengan actos o contratos inscribibles en el registro de la propiedad (u otros registros que especifica la norma) y no sujetos al Impuesto sobre Sucesiones y Donaciones o a los conceptos comprendidos en las modalidades de transmisiones patrimoniales onerosas o de operaciones societarias del ITPyAJD, también tributarán al tipo de gravamen que haya sido aprobado por la correspondiente comunidad autónoma. Si la comunidad autónoma no hubiese aprobado dicho tipo, se aplicará el 0,50 %.

A TENER EN CUENTA. En línea con lo que se viene estudiando, en este epígrafe nos limitamos a analizar la tributación de la formalización de **préstamos hipotecarios concedidos por empresarios o profesionales que actúan en el marco de su actividad**, ya que el tratamiento será distinto si quien concede el préstamo es un particular. Cuando el préstamo se concede por un empresario o profesional que actúa como tal, la operación está sujeta al IVA, pero exenta del impuesto [artículo 20.Uno.18.º.c) de la LIVA]; sin embargo, si quien lo concede es un particular, queda sujeto al ITP, pero exento también [artículo 45.I.B).15 de la LITPyAJD]. Es decir, en ninguno de los dos casos se pagará IVA o ITP. Ahora bien, como la cuota variable de la modalidad de AJD del ITPyAJD es incompatible con la sujeción al ITP, en dicho ámbito sí existirán diferencias: si el préstamo lo concede un particular, la cuota variable de AJD será incompatible con la sujeción al ITP y no procederá; pero si lo concede un empresario o profesional, la operación no quedaría sujeta al ITP (sino al IVA) y no existiría incompatibilidad, por lo que tributaría por la modalidad de AJD si se dan los restantes requisitos que establece el artículo 31.2 de la LITPyAJD). En relación con todo ello, puede resultar interesante acudir a la consulta vinculante de la Dirección General de Tributos (V0137-24), de 16 de febrero de 2024.

Así las cosas, el otorgamiento de la escritura pública del préstamo hipotecario quedará sometido a ambas cuotas de la modalidad de AJD del impuesto. Ahora bien, su coste no lo asumirá el prestatario, sino **quedará a cargo de la entidad bancaria prestamista**. No en vano, el artículo 29 de la LITPyAJD establece expresamente que, en el caso de escrituras de préstamo con garantía hipotecaria, el sujeto pasivo será el prestamista. Se trata de una previsión específica para este supuesto, pues la regla general es que el sujeto pasivo de esta modalidad del impuesto sea el adquirente del bien o derecho y, en su defecto, las personas que insten o soliciten los documentos notariales, o aquellos en cuyo interés se expidan.

Los tipos a aplicar serán aquellos que en cada caso establezca la comunidad autónoma en cuyo territorio se halle el inmueble y también habría que atender a la normativa autonómica para ver si regula beneficios fiscales de interés. Aunque, en realidad, a nivel estatal se establecen también algunas exenciones que pueden resultar de aplicación:

- Conforme al artículo 45.I.B) de la LITPyAJD, estarán exentas del impuesto, por ejemplo:
  - Las primeras copias de escrituras notariales que documenten la cancelación de hipotecas de cualquier clase, en cuanto al gravamen gradual de la modalidad de AJD que grava los documentos notariales.
  - Las escrituras de formalización de las novaciones contractuales de préstamos y créditos hipotecarios que se produzcan al amparo del Real Decreto-ley 6/2012, de 9 de marzo, y del nuevo Código de Buenas Prácticas que se introduce con el Real Decreto-ley 19/2022, de 22 de noviembre, quedarán exentas de la cuota gradual de documentos notariales de la modalidad de actos jurídicos documentados.
  - Las escrituras de préstamo con garantía hipotecaria en las que el prestatario sea alguna de las personas o entidades que están exentas del impuesto (como al Estado, las entidades sin fines lucrativos, las iglesias y confesiones religiosas con acuerdos de cooperación con el Estado o la Cruz Roja y la ONCE.
  - Las escrituras de formalización de ciertas moratorias de préstamos y créditos hipotecarios permitidas en el marco de la pandemia de COVID-19.
- Por lo que se refiere a las novaciones o subrogaciones hipotecarias, los artículos 7 y 9 de la Ley 2/1994, de 30 de marzo, establecen los siguientes incentivos:
  - Estará **exenta** la **escritura que documente la operación de subrogación** en la modalidad gradual de AJD sobre documentos notariales.

- Estarán **exentas** en la modalidad gradual de AJD las **escrituras públicas de novación modificativa de préstamos hipotecarios** pactados de común acuerdo entre acreedor y deudor, siempre que el acreedor sea una de las entidades que tengan la consideración de prestamistas inmobiliarios y la modificación se refiera a las condiciones del **tipo de interés inicialmente pactado o vigente, a la** alteración del plazo del préstamo, o a ambas.

CUESTIÓN

En su día, dos cónyuges contrataron un préstamo para comprar una vivienda, que garantizaron con hipoteca sobre esa misma vivienda. Ambos eran titulares del préstamo y de la vivienda al 50 %. Ahora se han divorciado y la vivienda se le ha adjudicado a uno solo de ellos, que pasará a ser su propietario íntegro y asumirá la parte que aún queda pendiente del préstamo hipotecario. Para formalizarlo, y estando de acuerdo la entidad bancaria, se otorgará una escritura pública en la que se liberará del préstamo hipotecario al excónyuge no adjudicatario, quedando como único deudor el que pasa a ser único propietario. ¿Esa liberación en escritura pública de uno de los codeudores del préstamo hipotecario estará sujeta a la modalidad de AJD, documentos notariales? En caso de que esté sujeta al impuesto, ¿quién lo pagará?

La liberación en escritura pública notarial del codeudor del préstamo garantizado mediante hipoteca sobre el inmueble que se adjudica uno de los cónyuges está sujeta a la modalidad de actos jurídicos documentados del ITPAJD, siendo sujeto pasivo el excónyuge al que se le adjudica el inmueble.

Es decir, en este supuesto no se aplicaría la regla especial que traslada el impuesto a la entidad bancaria, sino la regla general que lo hace recaer sobre la persona que solicite el otorgamiento del documento notarial, tal y como aclaró la Dirección General de Tributos en su consulta vinculante (V0051-23), de 16 de enero de 2023:

«(...) el artículo 29 del TRLITPAJD regula la determinación del sujeto pasivo en los documentos notariales, estableciendo una regla general y una regla especial.

Como regla general la condición de sujeto pasivo recae en una de las siguientes personas, en el orden excluyente establecido en dicho precepto: en primer lugar, en el adquirente del bien o derecho; en su defecto, la persona que insta o solicita el documento; y en defecto de ambas, aquel en cuyo interés se expida el documento notarial. La regla especial solo es de aplicación en el supuesto de escrituras de préstamo con garantía hipotecaria.

En el supuesto planteado debe descartarse la aplicación de la regla especial, pues el contenido de la escritura pública cuya tributación se examina no es la constitución de un préstamo hipotecario sobre el bien que adjudica a uno de los comuneros en la disolución de la comunidad de bienes, préstamo ya existente con anterioridad a la disolución de la misma; tampoco lo es la ampliación de dicho préstamo por parte del comunero adjudicatario para poder pagar a la consultante la parte que le corresponde en la liquidación de la comunidad de bienes, que constituiría un acto independiente del que ahora se examina y que es la liberación de la otra comunera de la responsabilidad por el préstamo inicial a consecuencia de haber sido adjudicado el bien al consultante. En consecuencia, en ningún caso sería sujeto pasivo el prestamista.

En cuanto a la aplicación de la regla general del artículo 29, no puede declararse sujeto pasivo del impuesto al adquirente del bien o derecho, pues no estamos ante un supuesto de transmisión de un bien o derecho, sino de la transmisión de una deuda. Por tanto, al no poderse aplicar la primera regla, debe acudirse a la segunda regla del citado precepto, conforme a la cual, en defecto de adquirente, la condición de sujeto pasivo recaerá sobre la persona que inste o solicite el otorgamiento del documento notarial, en este caso, el adjudicatario del inmueble, titular del bien, que consiente en la liberación de la consultante de la responsabilidad del préstamo en el que ambos eran cotitulares».

5.7. Breve referencia a algunas cuestiones de interés sobre la vida y finalización del préstamo hipotecario

Las vicisitudes en la vida del préstamo hipotecario y su terminación

Los préstamos hipotecarios son contratos o productos financieros concebidos para prolongarse durante largos períodos de tiempo. Por ello, no resulta extraño que puedan sufrir modificaciones a través de novaciones o subrogaciones que alteren sus condiciones o sus partes, pero que no supongan la terminación de la hipoteca, según lo visto. Sin embargo, también es posible que se produzcan cambios más radicales, que pongan fin al préstamo hipotecario, incluso de manera anticipada.

A continuación, veremos algunos de los eventos más destacados que pueden producirse en relación con el préstamo hipotecario y su cancelación:

- La posibilidad de amortización anticipada (que puede ser total o parcial).
- El impago de las cuotas del préstamo y sus consecuencias (intereses de demora, comisiones, vencimiento anticipado, ejecución de la hipoteca).
- La cancelación de la hipoteca en el registro de la propiedad una vez que se termina de pagar el préstamo garantizado, su obligatoriedad (o no) y la forma de llevarla a cabo.

|| La posibilidad de amortización anticipada del préstamo hipotecario

Tal y como reconoce el artículo 23 de la Ley 5/2019, de 15 de marzo, **en cualquier momento antes de que concluya el plazo pactado para el préstamo, el prestatario podrá reembolsar la cantidad** que todavía se adeude de forma anticipada, **total o parcialmente**. A esos efectos, las partes podrán acordar un plazo de comunicación previa que no podrá exceder de un mes.

Cuando el prestatario manifieste su voluntad de reembolsar anticipadamente la totalidad o parte del préstamo, **la entidad financiera le facilitará la información necesaria para evaluar esa opción**, en papel o en otro soporte duradero y en un **plazo máximo de tres días hábiles**. En esa información se cuantificarán, por lo menos, las consecuencias que tiene para el prestatario la liquidación total o parcial de sus obligaciones antes de la terminación del contrato de préstamo, exponiendo con claridad las hipótesis que se hayan tomado en consideración para su elaboración. Unas hipótesis que, por otra parte, deberán ser razonables y justificables.

Asimismo, el prestatario tendrá **derecho a una reducción del coste total del préstamo, que comprenderá los intereses y los costes correspondientes al plazo que quedase por transcurrir** hasta el momento de su extinción. En concreto, **se extinguirá el contrato de seguro accesorio** al de préstamo del que sea beneficiario el prestamista, salvo que el prestatario comunique expresamente a la aseguradora su deseo de que el contrato de seguro mantenga su vigencia y designe para ello un nuevo beneficiario; caso en el que el prestatario tendrá derecho a que se le devuelva la parte de la prima no consumida (extorno). Tendrá que ser informado de estos derechos en la documentación precontractual y contractual del préstamo inmobiliario y del contrato de seguro.

> **A TENER EN CUENTA.** A estos efectos, se entenderá por seguro accesorio aquel que haya sido ofrecido por el prestamista al prestatario junto con el contrato de préstamo para cubrir los riesgos que pudieran afectar a su capacidad de reembolso del mismo.

Finalmente, conviene resaltar que, como regla general, el prestamista no podrá cobrar compensación o comisión por reembolso o amortización anticipada total o parcial en los préstamos en supuestos distintos de los que regulan los apartados 5, 6 y 7 del artículo 23 de la Ley 5/2019, de 15 de marzo, que ya fueron objeto de estudio al tratar de los gastos de la hipoteca. Sobre esa cuestión, nos remitimos a lo señalado en dicho punto, limitándonos a apuntar que, a grandes rasgos, ese precepto establece los siguientes umbrales máximos:

- En los préstamos a tipo de interés variable: 0,15 % en caso de reembolso o amortización anticipada durante los cinco primeros años o 0,25 % si es durante los tres primeros años.

- En caso de novación del tipo de interés o subrogación de un tercero en los derechos del acreedor con cambio a tipo de interés fijo: 0,05 % del capital reembolsado anticipadamente durante los tres primeros años. Pasados esos tres años no se podrá exigir comisión ni compensación. Tampoco podrá exigirse si la novación se produce sin amortización anticipada de capital.

- En los préstamos a tipo de interés fijo: 2 % en caso de reembolso o amortización anticipada durante los 10 primeros años y 1,5 % a partir del décimo año.

|| El impago de las cuotas del préstamo y sus consecuencias

Cuando el prestatario incumpla las obligaciones de pago que conlleva el préstamo hipotecario y deje de pagar las cuotas, la entidad bancaria no se quedará de brazos cruzados y adoptará las medidas necesarias para el cobro. Durante los primeros meses de impagos, lo normal será que la entidad requiera de forma extrajudicial el cumplimiento, a través de cartas o por otras vías de comunicación, junto con los correspondientes intereses de demora. Sin embargo, si esa situación se prolonga más en el tiempo, adoptará medidas más drásticas, como el inicio de un procedimiento judicial dirigido a la ejecución de la hipoteca, que puede desembocar en la venta del inmueble que sirve como garantía.

Según indicamos, la consecuencia más inmediata de un retraso en el pago o impago será el devengo de **intereses de demora**. Con carácter general, en los préstamos garantizados con hipoteca sobre inmuebles de uso residencial, como sería en este caso la vivienda, el interés de demora será el **interés remuneratorio (el que se paga como contraprestación por el préstamo) más tres puntos porcentuales** a lo largo del período en el que aquel resulte exigible (artículo 25 de la Ley 5/2019, de 15 de marzo). El interés de demora solo podrá devengarse sobre el principal vencido y pendiente de pago y no podrán ser capitalizados en ningún caso, salvo en cierto caso en el que, después de adjudicarse la vivienda habitual hipotecada, lo obtenido fuera insuficiente para satisfacer la deuda pendiente o ciertos porcentajes que la ley exige. Estas reglas referidas al interés de demora no admiten pacto en contrario.

> **A TENER EN CUENTA.** Si el deudor hipotecario se encuentra en el umbral económico de exclusión que especifica el artículo 3 del Real Decreto-ley 6/2012, de 9 de marzo, de medidas urgentes de protección de deudores hipotecarios sin recursos, el interés de demora que se aplicará desde que solicite a la entidad acogerse al Código de Buenas Prácticas será el resultado de sumar a los intereses remuneratorios pactados en el préstamo un 2 % sobre el capital pendiente del préstamo.

Además, la entidad bancaria también podrá repercutirle al prestatario los costes que asuma por gestionar la recuperación de los importes impagados, lo que habitualmente se conoce como «**comisión de reclamación de posiciones deudoras**». A la vista de la jurisprudencia del Tribunal Supremo y del artículo 14.3 de la Ley 5/2019, de 15 de marzo, solo podrán repercutirse gastos o percibirse comisiones por servicios relacionados con los préstamos que hayan sido solicitados en firme o aceptados expresamente por un prestatario y siempre que respondan a servicios efectivamente prestados o gastos habidos que puedan acreditarse. Por tanto, las entidades no pueden cobrar por servicios que los clientes no hayan solicitado o aceptado, y los clientes tendrán que haber sido informados personalmente y por adelantado del importe a pagar por ese servicio.

Más en concreto, por lo que se refiere a la comisión que estamos mencionando, que compensa a la entidad por las gestiones realizadas para recuperar la deuda impagada por su cliente, para que sea acorde con las buenas prácticas bancarias debe reunir los siguientes requisitos mínimos (sentencia del Tribunal Supremo n.º 566/2019, de 25 de octubre, ECLI:ES:TS:2019:3315):

– El devengo de la comisión debe estar vinculado a la existencia de **gestiones efectivas de reclamación** realizadas ante el cliente deudor.

- La comisión no puede reiterarse en la reclamación de un mismo saldo por gestiones adicionales realizadas por la entidad con el mismo fin, ni siquiera cuando, en el caso de impago en el tiempo, este se prolonga en sucesivas liquidaciones
- Su cuantía debe de ser **única**, no admitiéndose tarifas porcentuales.
- Y **no puede aplicarse de manera automática.**

Con todo, si la situación de impago se alarga en el tiempo, las consecuencias para el prestatario podrán ir más allá. La entidad bancaria podrá iniciar un procedimiento judicial para hacer efectiva la garantía que la hipoteca supone, dirigido en último término a la enajenación del inmueble sobre el que recae para que la deuda se satisfaga con los importes obtenidos. En ese sentido, hay que tener en cuenta que las obligaciones de pago que implica el préstamo hipotecario son, *a priori*, periódicas: mes a mes debe satisfacerse determinada cuota; por lo que el incumplimiento que supone la falta de pago de alguna de ellas parece que en principio solo alcanzaría a las cuotas no satisfechas en plazo. Sin embargo, en aquellos supuestos en los que se deja de pagar un determinado número de cuotas, la ley entiende que el incumplimiento alcanza tal gravedad que la entidad bancaria puede exigir al prestatario, no solo que le abone las cuotas impagadas y los intereses o comisiones que por ello puedan proceder, sino que se le faculta para dar por terminado el préstamo de manera anticipada y exigir la devolución total del préstamo pendiente. Es lo que se conoce como **vencimiento anticipado.**

Para los préstamos hipotecarios a los que nos estamos refiriendo, esta posibilidad se regula en el artículo 24 de la Ley 5/2019, de 15 de marzo. El prestatario perderá el derecho al plazo y se producirá el vencimiento anticipado del contrato si concurren conjuntamente los siguientes requisitos:

- **Mora en el pago.** Se exige que el prestatario se encuentre en mora en el pago **de una parte del capital del préstamo o de los intereses.**
- **Gravedad del incumplimiento.** También será necesario que la cuantía de las cuotas vencidas y no satisfechas equivalga al menos:
  - Al 3 % de la cuantía del capital concedido, si la mora se produjera dentro de la primera mitad de la duración del préstamo. Se considerará cumplido este requisito cuando las cuotas vencidas y no satisfechas equivalgan al **impago de doce plazos mensuales** o un número de cuotas tal que suponga que el deudor ha incumplido su obligación por un plazo al menos equivalente a doce meses.
  - Al 7 % de la cuantía del capital concedido, si la mora se produjera dentro de la segunda mitad de la duración del préstamo. Se considerará cumplido este requisito cuando las cuotas vencidas y no satisfechas equivalgan al **impago de quince plazos mensuales** o un número de cuotas tal que suponga que el deudor ha incumplido su obligación por un plazo al menos equivalente a quince meses.
- **Requerimiento de pago.** Finalmente, el prestamista tendrá que haber requerido el pago al prestatario concediéndole un **plazo de al menos un mes para su cumplimiento** y advirtiéndole de que, si no se atiende al requerimiento, se reclamará el reembolso total adeudado del préstamo.

Todo lo cual conduciría a la que seguramente es la consecuencia más grave que puede implicar el impago de las cuotas de la hipoteca: la **ejecución hipotecaria**, que se verá en el siguiente epígrafe.

Sin embargo, antes de que se llegue a ese extremo, el deudor hipotecario puede valorar algunas alternativas o posibilidades que le brinda el ordenamiento jurídico. Por ejemplo, si se encuentra en el umbral económico de exclusión que especifica el artículo 3 del Real Decreto-ley 6/2012, de 9 de marzo, puede solicitar distintas medidas previas o sustitutivas de la ejecución hipotecaria (anexo de la norma):

- Como medida previa, podría solicitar y obtener una reestructuración de la deuda hipotecaria para alcanzar la viabilidad a medio y largo plazo. Si el plan de reestructuración resultase inviable por la situación económico-financiera, como medida complementaria podría solicitarse la quita o perdón de determinada parte del capital pendiente de amortización (una medida que también podrían solicitar los deudores inmersos en un procedimiento de ejecución hipotecaria en el que ya se haya hecho el anuncia de la subasta o los que no hayan podido optar a la dación en pago por tener la vivienda cargas posteriores a la hipoteca).

- Como medida sustitutiva de la ejecución hipotecaria, los deudores para los que la reestructuración y las medidas complementarias no sean viables podrán solicitar la dación en pago de su vivienda habitual (es decir, la entrega de la vivienda al acreedor con el objetivo de saldar la deuda). También podrán hacerlo aquellos que tengan aprobado y en curso un plan de reestructuración que observen su imposibilidad de atender los pagos después de 24 meses desde la solicitud de reestructuración.

- Asimismo, como medida sustitutiva, el deudor hipotecario cuya hipoteca sobre la vivienda habitual haya sido ejecutada y cuyo desahucio se haya suspendido por tratarse de un supuesto de especial vulnerabilidad tendrá derecho a alquilar la vivienda por una renta determinada y en ciertas condiciones.

CUESTIONES

1. ¿Las partes pueden pactar que el vencimiento anticipado del préstamo hipotecario se produzca por el impago de un número de cuotas distintas de las que establece el artículo 24 de la Ley 5/2019, de 15 de marzo?

No, las reglas que contiene ese artículo son obligatorias y no admiten pacto en contrario.

2. Las medidas que prevé el Código de Buenas Prácticas establecido por Real Decreto-ley 6/2012, de 9 de marzo, ¿tienen reconocidos beneficios fiscales?

Sí. Por ejemplo, las escrituras de formalización de las novaciones contractuales de préstamos y créditos hipotecarios que se produzcan al amparo de esa norma o del nuevo Código de Buenas Prácticas que se introduce con el Real Decreto-ley 19/2022, de 22 de noviembre (que amplía y complementa al anterior) quedarán exentas de la cuota gradual de documentos notariales de la modalidad de actos jurídicos documentados del ITPyAJD [artículo 45.I.B).23 de la LITPyAJD].

|| La ejecución de la hipoteca

Cuando el prestatario incumple las obligaciones de pago que conlleva el préstamo hipotecario, la entidad bancaria prestamista puede iniciar el procedimiento de ejecución hipotecaria, dirigido en último término a la enajenación del inmueble sobre el que recae la garantía hipotecaria. Ese procedimiento de ejecución se regula en los artículos 681 y siguientes de la Ley 1/2000, de 7 de enero, de Enjuiciamiento Civil (en adelante, LEC).

A modo de resumen, el procedimiento general que suele seguirse sería el siguiente:

- El procedimiento se inicia con una demanda ejecutiva, que se presentará por el acreedor ante el juzgado competente; dirigida contra el deudor y, en su caso, contra el hipotecante no deudor o el tercero que posea los bienes hipotecados, siempre que este último hubiese acreditado al acreedor la adquisición de dichos bienes. La demanda deberá ir acompañada de una serie de documentos que exige la ley, entre los cuales se encuentra la escritura del préstamo hipotecario. Además, con la demanda habrá que indicar, entre otras circunstancias, si el bien hipotecado es la vivienda habitual del deudor o si este se encuentra en situación de vulnerabilidad económica (ya que, de concurrir, existen determinadas normas que le otorgan una mayor protección).

- Una vez que se admita la demanda, el juzgado emitirá un requerimiento de pago al deudor, dándole un plazo para que satisfaga la deuda o presente oposición. Se omitirá este paso si el requerimiento se hubiera hecho con carácter previo por vía extrajudicial, a través de notario, y ello se acreditase con la propia demanda.

- En respuesta al requerimiento recibido, el deudor podrá pagar la deuda que se le reclama o bien oponerse a la ejecución en un plazo de diez días. La oposición podrá basarla en una serie de causas que tasa la ley, como la extinción de la deuda, el error en la determinación de la cantidad exigible o el carácter abusivo de la cláusula en la que se base la ejecución.

- Cumplidas todas las prescripciones legales y pasados 20 días desde que tuvieron lugar el requerimiento de pago y las notificaciones que se han de efectuar a ciertos sujetos (el titular registral si es otra persona, acreedores por cargas posteriores a la hipoteca), se procederá a instancia del actor, del deudor o del tercer poseedor, a la subasta de la finca o bien hipotecado. La subasta se realizará según lo prevenido en la LEC y el inmueble podrá ser adjudicado al mejor postor o al propio acreedor si no hay postores.

La ejecución podrá limitarse a la parte del capital o de los intereses impagados o bien alcanzar a la totalidad de lo adeudado en caso de vencimiento anticipado. En concreto:

- El procedimiento visto se aplicará en el caso de que deje de pagarse una parte del capital del crédito o los intereses, cuyo pago deba hacerse en plazos, si vencieran al menos **tres plazos mensuales sin**

cumplir el deudor su obligación de pago o un número de cuotas tal que suponga que el deudor ha incumplido su obligación por un plazo al menos equivalente a tres meses. Si para el pago de alguno de los plazos del capital o de los intereses fuera necesario enajenar el bien hipotecado, y aún quedaran por vencer otros plazos de la obligación, se verificará la venta y se transferirá la finca al comprador con la hipoteca correspondiente a la parte del crédito que no estuviera satisfecha.

– Sin embargo, podrá **reclamarse la totalidad de lo adeudado por capital y por intereses en caso de que se haya producido el vencimiento anticipado** del préstamo. En este caso, el acreedor podrá solicitar que, sin perjuicio de que la ejecución se despache por la totalidad de la deuda, se comunique al deudor que, antes de que se cierre la subasta, podrá liberar el bien mediante la consignación de la cantidad exacta que por principal e intereses estuviese vencida en la fecha de presentación de la demanda, incrementada, en su caso, con los vencimientos del préstamo y los intereses de demora que se vayan produciendo a lo largo del procedimiento y resulten impagados en todo o en parte. Si el bien hipotecado fuera la vivienda habitual, el deudor podrá, aun sin el consentimiento del acreedor, liberar el bien mediante la consignación de las cantidades señaladas. Por otro lado, liberado un bien por primera vez, podrá liberarse en segunda o posteriores ocasiones siempre que, al menos, medien tres años entre la fecha de la liberación y la del requerimiento de pago judicial o extrajudicial efectuada por el acreedor.

La cancelación registral de la hipoteca

La hipoteca es una carga que recae sobre un inmueble, que lo sujeta al cumplimiento de una obligación (en este caso, el préstamo concedido por la entidad financiera). En principio, para que la hipoteca quede válidamente constituida con todos sus efectos tendrá que otorgarse en escritura pública y que inscribirse en el registro de la propiedad, donde evidentemente tendrá que estar inscrito primero el inmueble sobre el que se constituye. Por ese motivo, cuando se termina de pagar un préstamo garantizado con hipoteca, desaparece la carga que pesa sobre el inmueble y lo lógico sería que el contenido del registro de la propiedad se actualizase también, para que el bien figure sin esa hipoteca.

Con todo, lo cierto es que **la cancelación registral de la hipoteca no es obligatoria**. Es decir, una vez finalizados los pagos del préstamo hipotecario, el interesado puede optar por solicitar la cancelación en el registro o no, dejando la inscripción del inmueble como está (de modo que el inmueble siga figurando en el registro de la propiedad como hipotecado). A pesar de ello, desde el Colegio de Registradores destacan la conveniencia de realizar este trámite: la cancelación de la hipoteca permitiría solicitar una nueva hipoteca sobre el inmueble, mejoraría la solvencia patrimonial del titular (ya que una propiedad libre de cargas tiene un valor superior al de una propiedad hipotecada, y eso podría ser relevante si se quisiera realizar alguna otra operación financiera); también se haría más fácil la venta del inmueble (pues el comprador exigirá que el inmueble esté libre de cargas que puedan disminuir su valor o perjudicar a sus derechos).

Sea como fuere, si efectivamente se realiza, la operación **conllevará costes**. Unos costes que podrán ser mayores o menores según los casos, dado que la cancelación registral de la hipoteca puede realizarse por distintas vías:

- El propio interesado puede realizar los trámites ante el notario y el registro de la propiedad. Habría que pagar los gastos de la notaría y el registro.

- Puede solicitarse a la entidad bancaria que realice el trámite y correr con los gastos. Junto con los gastos de notaría y registro, la entidad también puede cobrar ciertas comisiones y gastos por las gestiones que realice.

- Finalmente, el interesado podría esperar a que caduque la inscripción de la hipoteca y acudir directamente al registro de la propiedad; lo cual abarataría costes, pero conllevaría un mayor plazo de espera.

CUESTIÓN

¿Quién asume los costes notariales y registrales derivados de la cancelación de la hipoteca?

Tendrá que hacerlo el prestatario, por ser la persona que se beneficia con esa cancelación. Así lo ha reconocido el Tribunal Supremo, por ejemplo, en su sentencia n.º 79/2024, de 23 de enero, ECLI:ES:TS:2024:201.

---

a. El propio interesado realiza los trámites para la cancelación en la notaría y el registro de la propiedad

Cuando se quiera realizar este trámite por uno mismo, deberán seguirse los siguientes pasos:

- **Solicitar a la entidad bancaria el certificado de deuda cero**. Tal y como resalta el Banco de España, este documento es gratuito y la entidad no puede cobrar por su entrega.

- **Acudir a la notaría para que se otorgue la escritura pública de cancelación del préstamo**. Para que la anotación de la hipoteca pueda cancelarse en el registro de la propiedad, con carácter general, es necesario que exista un título que lo habilite y que pueda acceder al registro. Por ese motivo, y salvo en los casos de caducidad, lo normal será pasar antes por la notaría. El interesado podrá elegir al notario que considere, sin que la entidad bancaria pueda imponer uno de su elección. Una vez que el propietario interesado ha acudido al notario, será este el que se ponga en contacto con el banco para gestionar con la entidad la firma por parte del apoderado del banco. En este trámite, el banco tampoco podrá cobrar ni por el trámite de la firma, ni por el desplazamiento al notario.

- Presentar la autoliquidación del ITPyAJD en su modalidad de actos jurídicos documentados ante la Hacienda pública autonómica que corresponda. Aunque habrá que presentar la declaración, la operación está **exenta de la cuota variable por documentos notariales**, de conformidad con el artículo 45.I.B).18 de la LITPyAJD.

- El último paso será **acudir al registro de la propiedad correspondiente**, con toda la documentación, para que el registrador pueda anotar la cancelación.

A TENER EN CUENTA. No es obligatorio, pero sí recomendable que, una vez terminados los trámites, se solicite una nota simple al registro de la propiedad para comprobar que el inmueble efectivamente figura como libre de la hipoteca.

La principal ventaja de realizar el trámite de este modo es el ahorro de los gastos de gestión que habría que satisfacer si se acude a la entidad bancaria o a una gestoría, aunque habría que pagar en la notaría y en el registro.

b. El interesado solicita a la entidad bancaria que cancele ella la hipoteca

Una segunda opción para cancelar registralmente la hipoteca es **acudir a la entidad bancara prestamista para pedirle que se encargue de los trámites**. En tal caso, el banco sí podría cobrar determinadas comisiones o gastos por las gestiones que realice. Esta opción, aunque más costosa que la anterior, puede resultar más cómoda.

c. Esperar a que se produzca la cancelación por caducidad

La tercera posibilidad sería esperar a que se produzca la caducidad registral por el transcurso de determinados plazos, acudiendo directamente al registro de la propiedad. Se trata de una opción que, si bien conlleva un **período de espera importante (normalmente, 21 años)**, permite ahorrarse los gastos del notario.

La regla general es que las inscripciones o anotaciones hechas en el registro de la propiedad en virtud de una escritura pública solo se cancelarán por sentencia o por escritura o documento auténtico en el que conste el consentimiento de la persona a cuyo favor se hubiera hecho la inscripción o anotación. Sin embargo, esa norma tiene varias excepciones:

- **Cancelación por caducidad pactada por las partes.** Las inscripciones o anotaciones registrales podrán cancelarse sin esos requisitos cuando el derecho inscrito o anotado quede extinguido por declaración de la ley o porque así resulte del mismo título en cuya virtud se practicó la inscripción o anotación preventiva (párrafo segundo del artículo 82 de la LH). Las partes, al constituir la hipoteca, pueden hacerlo por un plazo determinado, estableciendo que la acción hipotecaria solo pueda ejercitarse durante su vigencia y extinguiéndose la carga una vez vencido ese plazo. En este caso hay que tener en cuenta que, si se hubiese iniciado antes la ejecución hipotecaria, la hipoteca solo se extinguirá cuando concluya el procedimiento.

– **Cancelación por caducidad legal**, donde, a su vez, caben dos posibilidades:

- Conforme al párrafo quinto del artículo 82 de la LH se permite que, a solicitud del titular registral de cualquier derecho sobre el inmueble, puedan cancelarse hipotecas en garantía de cualquier clase de obligación, para las que no se hubiera pactado un plazo concreto de duración, **cuando haya transcurrido el plazo señalado en la legislación civil para la prescripción de la acciones derivadas de dichas garantías** o el más breve que a estos efectos se hubiera estipulado al tiempo de su constitución. Los plazos se contarán desde el día en el que la prestación cuyo cumplimiento se garantiza debió ser satisfecha en su totalidad según el registro, siempre que dentro del año siguiente no resulte que han sido renovadas, interrumpida la prescripción o ejecutada debidamente la hipoteca. El plazo al que se refiere este precepto sería de 20 años, porque ese es el plazo que establece la normativa civil para la prescripción de la acción hipotecaria (artículo 128 de la LH y artículo 1964 del CC); y a él habría que sumar el año adicional al que se acaba de hacer referencia. Por lo tanto, el plazo que tendría que pasar sería de **21 años**.

- Por su parte, el artículo 210.1.Octava de la LH señala también lo siguiente en su segundo párrafo: «*Las inscripciones de hipotecas, condiciones resolutorias y cualesquiera otras formas de garantía con efectos reales, **cuando no conste en el Registro la fecha en que debió producirse el pago íntegro de la obligación garantizada**, podrán igualmente cancelarse a instancia de cualquier interesado cuando **hayan transcurrido veinte años desde la fecha del último asiento en que conste la reclamación de la obligación garantizada o, en su defecto, cuarenta años desde el último asiento relativo a la titularidad de la propia garantía*».

Estas dos últimas posibilidades de caducidad suponen la cancelación por el transcurso de **determinados plazos fijados por la ley, cuando no se haya pactado una caducidad entre las partes**. Para entender bien la diferencia entre una y otra puede acudirse a la resolución de la Dirección General de Seguridad Jurídica y Fe Pública de 22 de marzo de 2022, que aclara lo siguiente:

«Así, sin pretender ser exhaustivos el **artículo 82, párrafo quinto**, se aplicará a las hipotecas y condiciones resolutorias en garantía del precio aplazado cuando el día en que la prestación cuyo cumplimiento se garantiza debió ser satisfecha en su totalidad según el Registro, cuando haya transcurrido el plazo señalado en la legislación civil aplicable para la prescripción de las acciones derivadas de dichas garantías o el más breve que a estos efectos se hubiere estipulado al tiempo de su constitución, siempre que dentro del año siguiente no resulte del mismo que han sido renovadas, interrumpida la prescripción o ejecutada debidamente la hipoteca.

Por el contrario, el **artículo 210.1.8.ª de la Ley Hipotecaria** se aplicará a las inscripciones de hipotecas, condiciones resolutorias y cualesquiera otras formas de garantía con efectos reales, cuando no conste en el Registro la fecha en que debió producirse el pago íntegro de la obligación garantizada, cuando hayan transcurrido veinte años desde la fecha del último asiento en que conste la reclamación de la obligación garantizada o, en su defecto, cuarenta años desde el último asiento relativo a la titularidad de la propia garantía».

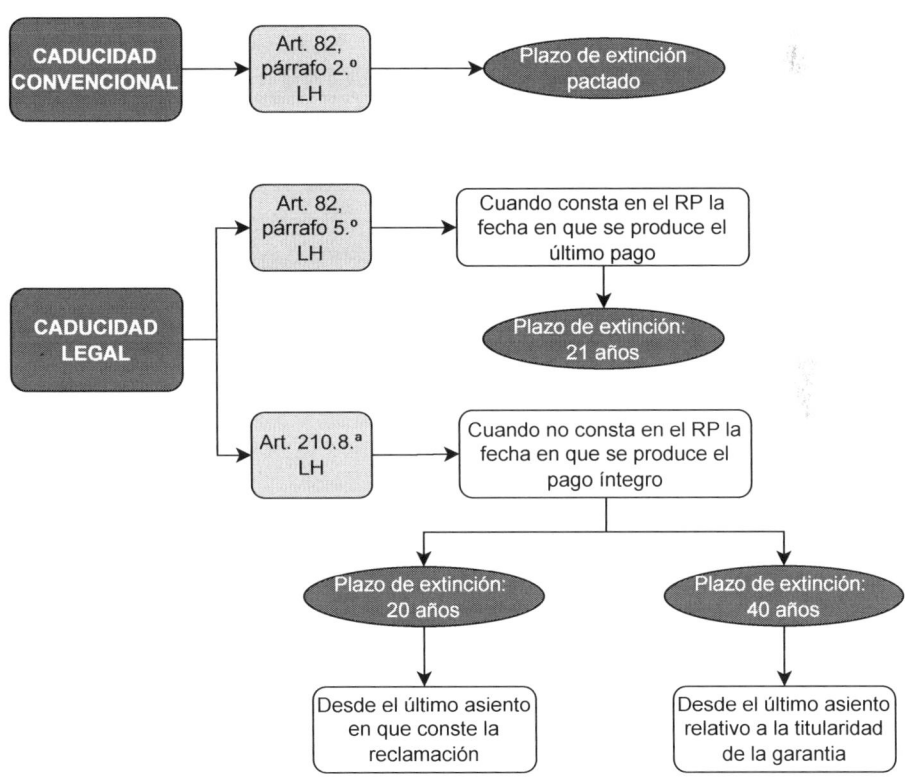

LA CANCELACIÓN DE LA HIPOTECA POR CADUCIDAD

6.
LA INSCRIPCIÓN EN EL REGISTRO DE LA PROPIEDAD Y EL CATASTRO

La inscripción en el registro de la propiedad de la vivienda comprada

El último trámite dentro del proceso de compraventa de una vivienda es la inscripción de ese derecho de propiedad en el registro de la propiedad. Esto tendrá lugar tras la firma de la escritura pública de compraventa (y la de préstamo hipotecario, en su caso), y pagados los impuestos correspondientes.

Según la definición dada por la web oficial de registradores de España, *«el registro de la propiedad tiene por objeto la inscripción o anotación de los actos y contratos relativos al dominio y demás derechos reales sobre bienes inmuebles».*

CUESTIÓN

¿En qué registro de la propiedad inscribiremos nuestro derecho de propiedad sobre una vivienda que se acaba de adquirir?

Este derecho se inscribirá en la oficina del registro de la propiedad en cuyo territorio se encuentre la vivienda comprada. Según la web de registradores de España, *«la totalidad del territorio de España está dividido en circunscripciones, denominados distritos hipotecarios. A cada distrito hipotecario le corresponde un Registro de la Propiedad, a cargo de un registrador de la propiedad».*

Esta inscripción, aunque, en principio, no es obligatoria, es altamente recomendable y necesaria para que el comprador de la vivienda quede totalmente protegido en su derecho adquirido. **Inscripción que se hace obligatoria para la obtención del préstamo hipotecario** con el que financiar la adquisición de la vivienda, pues solo si el comprador inscribe su derecho de propiedad, podrá el banco inscribir la hipoteca que le garantiza la devolución del préstamo.

¿Qué efectos tiene sobre el comprador de una vivienda la inscripción de su derecho en el registro de la propiedad?

– Será considerado como el único y verdadero propietario, sin perjuicio de que se declare lo contrario en sentencia judicial.

- Estará protegido:

  • Frente a los acreedores del vendedor.

  • Frente a cargas ocultas de la vivienda que no conociera en el momento de la compra.

  • Y judicialmente si se discute su derecho.

En resumen, quedará protegido su derecho frente a terceros.

¿Qué documentación será necesaria para inscribir el derecho de propiedad en el registro de la propiedad?

A la vista de lo establecido por el propio registro de la propiedad en su guía «Cómo comprar una vivienda en España» editada por el Colegio de Registradores:

- Copia autorizada de la escritura pública de compraventa.

- Impreso de la autoliquidación del impuesto que se haya sufragado.

  • IVA si se trata de nueva vivienda nueva y el IAJD por la escritura pública.

  • ITP si se trata de viviendas usadas y la plusvalía en aquellos casos en los que sea pertinente el pago de este impuesto.

- Acreditación de que se ha comunicado la transmisión de la propiedad al ayuntamiento correspondiente.

- Acreditación del último recibo del IBI para hacer constar la referencia catastral.

Toda esta documentación podrá ser presentada directamente por el propio comprador, por la notaría (si realiza estos trámites) o por una gestoría. Una vez presentada la documentación, la inscripción se realizará dentro de los 15 días hábiles siguientes. Para ello, el registrador de la propiedad comprobará que el contrato se ha celebrado con todos los requisitos que establece la ley para que tenga plena eficacia y pueda acceder al registro el derecho del comprador. En el supuesto de que el registrador compruebe que el contrato tiene algún defecto que impide su inscripción, lo notificará de forma fehaciente para que se subsane o, en caso de que el interesado no esté de acuerdo con la calificación del registrador, podrá presentar un recurso ante la Dirección General de Seguridad Jurídica y Fe Pública (DGSJFP), o solicitar la revisión realizada por ese registrador.

El catastro inmobiliario

El catastro inmobiliario es un **registro administrativo del Ministerio de Hacienda y Función Pública en el que se describen los bienes inmuebles rústicos, urbanos y de características especiales.** Encuentra su regulación en el Texto Refundido de la Ley del Catastro Inmobiliario (RDL 1/2004, de 5 de marzo). A diferencia del registro de la propiedad, la inscripción en el catastro es obligatoria y gratuita.

Una vez se ha realizado la inscripción del derecho de propiedad en el registro de la propiedad, este le comunicará al catastro el cambio en la titularidad de la vivienda, para que el próximo recibo del IBI corra a cargo ya del nuevo propietario. De esta manera este nuevo propietario se convertirá en titular catastral (art. 9 de la Ley del Catastro Inmobiliario).

La descripción catastral de los bienes inmuebles resume sus características físicas, económicas y jurídicas. Entre ellas, deben constar: la ubicación y referencia catastral; la superficie, el uso o destino; la clase de cultivo o aprovechamiento, en caso de que se explote la finca; la calidad de las construcciones; la representación gráfica; el valor de referencia; así como el valor y el titular catastrales, con su número de identificación fiscal o, en su caso, número de identidad de extranjero. Cuando los inmuebles estén coordinados con el registro de la propiedad se incorporará dicha circunstancia junto con su código registral. (Art. 3 de la Ley del Catastro Inmobiliario).

A TENER EN CUENTA. En caso de discrepancia entre el titular catastral y el del correspondiente derecho según el registro de la propiedad sobre fincas respecto de las cuales conste la referencia catastral en dicho registro, se tomará en cuenta, a los efectos del catastro, la titularidad que resulte de aquel, salvo que la fecha del documento por el que se produce la incorporación al catastro sea posterior a la del título inscrito en el registro de la propiedad.

7.
LA VIVIENDA DESPUÉS DE LA COMPRAVENTA: RECLAMACIÓN POR DEFECTOS EN EL INMUEBLE

Reclamación por defectos en el inmueble tras la compra

Una vez haya tenido lugar la compraventa de la vivienda el comprador sigue teniendo garantías que le amparan en caso de que exista algún defecto en el inmueble. En caso de **defectos en la construcción de una vivienda**, aquellos que se refieren a cualquier deficiencia que afecte a los requisitos básicos de la edificación establecidos en la Ley 38/1999, de 5 de noviembre, de Ordenación de la Edificación (LOE). Estos requisitos se centran en 3 categorías: funcionalidad, seguridad y habitabilidad. (Art. 3 de la Ley 38/199, de 5 de noviembre).

La responsabilidad por estos defectos será de los agentes de la edificación. La responsabilidad civil de estos (promotor, constructor, arquitecto, etc.) se regula en el artículo 17 de la LOE. Para el caso de una vivienda de obra nueva, es decir, aquella que tiene menos de un año de antigüedad desde la finalización de la obra, como también aquellas modificaciones significativas que se realicen en edificios antiguos, los agentes de la edificación deberán contar con una serie de seguros de daños materiales, seguro de caución o garantía financiera para cubrir las garantías por daños materias ocasionados por vicios y defectos de la construcción, a los que hace referencia el art. 19 de la LOE y que podemos resumir de la siguiente manera según su plazo de garantía y objeto:

- 1 año para garantizar el resarcimiento de daños materiales por vicios o defectos de ejecución en elementos de terminación o acabado. Puede ser sustituido por una retención del 5 % del importe de la obra por el promotor.

- 3 años para garantizar el resarcimiento de daños materiales por vicios o defectos en elementos constructivos o instalaciones que incumplan requisitos de habitabilidad.

- 10 años para garantizar el resarcimiento de daños materiales por vicios o defectos en cimentación, soportales, vigas, forjados, muros de carga u otros elementos estructurales que comprometan la resistencia y estabilidad del edificio.

> **A TENER EN CUENTA.** Estos plazos de garantía comenzarán a computar desde el momento en que se produce el daño o se manifiesta el mismo.

En caso de **vicios ocultos en la compraventa de una vivienda** (arts. 1484 y ss. del CC), definidos como aquellos defectos que no son aparentes a simple vista y que afectan la habitabilidad o el uso de la vivienda, disminuyendo su valor o impidiendo su uso normal, el comprador tendrá derecho a reclamar al vendedor para que responda por estos vicios, solicitando (según la gravedad de los vicios) la devolución del precio pagado (resolución del contrato), una rebaja en el precio o la reparación de los daños.

El plazo para reclamar será de 6 meses desde la entrega de la cosa vendida (art. 1490 del CC).

Por lo tanto, en resumen de todo lo anterior y sin querer extendernos más, la persona que haya comprado una vivienda y esta presente algún defecto o daño que pueda ser achacable a la parte vendedora o a los agentes de la edificación, estará amparada para poder reclamar por ello, ya sea extrajudicialmente o judicialmente.

ANEXO I.
CASOS PRÁCTICOS

Caso práctico | Tributación del expediente de inmatriculación de una finca en el registro de la propiedad

PLANTEAMIENTO

Marcos ha heredado un inmueble y ya ha presentado la autoliquidación correspondiente por el Impuesto sobre Sucesiones y Donaciones. El inmueble no está inscrito en el registro de la propiedad, así que quiere iniciar un expediente de dominio para su inmatriculación conforme al artículo 203 de la Ley Hipotecaria.

¿Cómo tributará el expediente de dominio para la inmatriculación del inmueble?

RESPUESTA

Siguiendo la jurisprudencia sentada por el Tribunal Supremo en su sentencia n.º 463/2023, de 11 de abril, ECLI:ES:TS:2023:1462, y dado que el interesado ha liquidado el Impuesto sobre Sucesiones y Donaciones por la adquisición del inmueble, el expediente no estaría sujeto a la modalidad de transmisiones patrimoniales onerosas del ITPyAJD, pero sí a la de actos jurídicos documentados.

Según el artículo 7.2.C) de la LITPyAJD:

> «2. Se considerarán transmisiones patrimoniales a efectos de liquidación y pago del impuesto:
>
> (…)
>
> C) Los expedientes de dominio, las actas de notoriedad, las actas complementarias de documentos públicos a que se refiere el Título VI de la Ley Hipotecaria y las certificaciones expedidas a los efectos del artículo 206 de la misma Ley, a menos que se acredite haber satisfecho el impuesto o la exención o no sujeción por la transmisión, cuyo título se supla con ellos y por los mismos bienes que sean objeto de unos u otras, salvo en cuanto a la prescripción cuyo plazo se computará desde la fecha del expediente, acta o certificación».

A su vez, el artículo 8.b) de la LITPyAJD especifica que, en dichos casos, estará obligado al pago del impuesto como contribuyente, y cualesquiera que sean las estipulaciones establecidas por las partes en contrario, la persona que los promueva.

Así las cosas, lo cierto es que la tributación de los expedientes de dominio ha sido objeto de examen por el Tribunal Supremo en su sentencia n.º 463/2023, de 11 de abril, ECLI:ES:TS:2023:1462, donde fijó la siguiente doctrina jurisprudencial:

> «1) El título que se trata de suplir o reemplazar en el caso del expediente de dominio para la reanudación del tracto sucesivo interrumpido —artículo 7.1.c) TRLITPAJD— es el de la adquisición del inmueble por el contribuyente, no el de la transmisión anterior a ella, pues el expediente notarial y registral integra el título del contribuyente —en el sentido de que lo habilita para el acceso al Registro de la Propiedad— no la transmisión precedente a ella, esto es, el título del transmitente, ni toda la cadena de transmisiones producida desde el titular registral del inmueble hasta el transmitente de dicho inmueble al contribuyente.
>
> 2) Es a ese título inscribible que se trata de obtener —en este caso, para la reanudación del tracto sucesivo—, y no a otro, al que debe venir referida la exclusión del hecho imponible cuando se haya realizado el pago o la operación estuviera exenta. En este caso, pues, el expediente de dominio seguido no está sujeto al Impuesto sobre Transmisiones Patrimoniales, dada la constancia de

que la sociedad recurrente ha satisfecho el impuesto que gravó su adquisición, pese a concurrir en la operación societaria, además, una exención objetiva».

Por lo tanto, en el caso del expediente indicado hay que entender que **el título que se trata de suplir o reemplazar es el de la adquisición del inmueble por el contribuyente, no el de la transmisión anterior a ella**. Lo que supone que la operación no quede sujeta al ITPyAJD en la modalidad de transmisiones patrimoniales onerosas, pues que el contribuyente ya abonó el impuesto que gravó su adquisición. Así lo indica la Dirección General de Tributos en su consulta vinculante (V0390-24), de 12 de marzo de 2024.

Sin embargo, al no estar sujeto a la modalidad de transmisiones patrimoniales onerosas, **quedará sujeto a la modalidad de actos jurídicos documentados**, por cumplirse todos los requisitos que para ello exige el artículo 31.2 de la LITPyAJD: tratarse de la primera copia de una escritura o acta notarial, tener por objeto cantidad o cosa valuable, contener un acto inscribible en el registro de la propiedad y no estar sujeto al Impuesto sobre Sucesiones y Donaciones ni a los conceptos comprendidos en las modalidades de transmisiones patrimoniales onerosas y operaciones societarias del ITPyAJD.

Caso práctico | Distinta tributación de los préstamos concedidos por particulares o por empresarios y profesionales (IVA, ITPyAJD)

PLANTEAMIENTO

Leire va a comprar una vivienda y necesita un préstamo porque no dispone de todo el capital necesario. Una amiga muy ahorradora, sin embargo, sí lo tiene y se ha ofrecido a hacerle un préstamo, con las oportunas garantías y con documentación en escritura pública. Leire también valora la posibilidad de solicitarlo al banco y formalizarlo del mismo modo.

¿Cómo tributará esa operación en el IVA y/o el ITPyAJD? ¿El tratamiento fiscal será distinto según se lo conceda su amiga como particular o una entidad bancaria?

RESPUESTA

La concesión de un préstamo y su formalización en escritura pública tendrán un tratamiento fiscal diferente en función de que se concedan por particulares o por empresarios y profesionales que actúen en el marco de su actividad. La tributación en IVA y en ITPyAJD dependerá, por tanto, de la condición del prestamista:

- Los préstamos concedidos por particulares estarán sujetos al ITPyAJD en su modalidad de TPO, pero exentos. Tampoco procedería la cuota variable de AJD por documentos notariales.

- Los préstamos concedidos por empresarios o profesionales que actúan como tales estarán sujetos al IVA, pero exentos. En su caso, la escritura pública en la que se formalicen quedará sujeta a la cuota gradual de AJD, documentos notariales.

a) Préstamo concedido por un particular

Los préstamos concedidos por particulares están **sujetos al ITPyAJD en su modalidad de transmisiones patrimoniales onerosas** (TPO), conforme a los apartados 2.B) y 5 del artículo 7 de la LITPyAJD, a cuyo tenor:

> «1. Son transmisiones patrimoniales sujetas:
> (...)
> B) La constitución de derechos reales, préstamos, fianzas, arrendamientos, pensiones y concesiones administrativas, salvo cuando estas últimas tengan por objeto la cesión del derecho a utilizar infraestructuras ferroviarias o inmuebles o instalaciones en puertos y en aeropuertos.
> (...)
> 5. No estarán sujetas al concepto «transmisiones patrimoniales onerosas» regulado en el presente Título las operaciones enumeradas anteriormente cuando, con independencia de la condición del adquirente, los transmitentes sean empresarios o profesionales en el ejercicio de su actividad económica y, en cualquier caso, cuando constituyan entregas de bienes o prestaciones de servicios sujetas al Impuesto sobre el Valor Añadido. No obstante, quedarán sujetos a dicho concepto impositivo las entregas o arrendamientos de bienes inmuebles, así como la constitución y transmisión de derechos reales de uso y disfrute que recaigan sobre los mismos, cuando gocen de exención en el Impuesto sobre el Valor Añadido. También quedarán sujetas las entregas de aquellos inmuebles que estén incluidos en la transmisión de un patrimonio em-

presarial o profesional, cuando por las circunstancias concurrentes la transmisión de este patrimonio no quede sujeta al Impuesto sobre el Valor Añadido».

Ahora bien, la operación quedaría **exenta** de acuerdo con el artículo 45.I.B).15 de la LITPyAJD. Eso sí, la exención no liberaría de la obligación de presentar la declaración por el impuesto (artículo 51.1 de la LITPyAJD).

Por otra parte, como el préstamo se formaliza en escritura pública, cabría plantearse si procedería la tributación por la cuota variable de la modalidad de actos jurídicos documentados del ITPyAJD. Al tratarse de una operación sujeta a TPO, pero exenta, **no procedería la cuota variable de AJD, por documentos notariales**, pues no se cumplen los requisitos que para ello exige el artículo 31.2 de la LITPyAJD (uno de ellos es que el contenido del documento notarial no esté sujeto al ITPyAJD por las modalidades de transmisiones patrimoniales onerosas o de operaciones societarias). En ese sentido, puede acudirse, por ejemplo, a la consulta vinculante de la Dirección General de Tributos (V2319-19), de 9 de septiembre de 2019.

b) Préstamo concedido por un empresario o profesional que actúa como tal

Los préstamos concedidos por empresarios o profesionales que actúan en el ejercicio de su actividad estarán **sujetos al IVA, pero exentos** del impuesto [artículo 20.Uno.18.º.c) de la LIVA].

Como el préstamo se formaliza en escritura pública, aquí también cabría plantearse su posible sujeción a la cuota variable o gradual de la modalidad de actos jurídicos documentados del ITPyAJD, por documentos notariales. Al tratarse de préstamos sujetos al IVA, **la escritura pública de los constituidos por empresarios o profesionales que actúen como tales quedará sujeta a la cuota gradual de AJD, documentos notariales,** por no existir incompatibilidad alguna y cumplirse los requisitos que establece el artículo 31.2 de la LITPyAJD. Así lo indica, por ejemplo, la consulta vinculante de la Dirección General de Tributos (V0137-24), de 16 de febrero de 2024.

El sujeto pasivo de la modalidad de AJD será el que resulta del artículo 29 de la LITPyAJD:

> «Será sujeto pasivo el adquirente del bien o derecho y, en su defecto, las personas que insten o soliciten los documentos notariales, o aquellos en cuyo interés se expidan.
>
> Cuando se trate de escrituras de préstamo con garantía hipotecaria, se considerará sujeto pasivo al prestamista».

Caso práctico | La cancelación registral de una hipoteca en el ITPyAJD y la necesidad de presentar autoliquidación por el impuesto

PLANTEAMIENTO

Ricardo adquirió en 2001 una vivienda habitual a través de un préstamo bancario con garantía hipotecaria. En 2024 ha terminado de pagar las cuotas del préstamo y quiere cancelar registralmente la hipoteca, pues se plantea vender el inmueble.

Ya ha solicitado el certificado de deuda cero al banco y va a acudir a la notaría para que se otorgue la escritura pública de cancelación del préstamo. ¿Esa escritura de cancelación tributará por la cuota variable de la modalidad de actos jurídicos documentados del ITPyAJD, documentos notariales? ¿Tendrá que presentar declaración por ese impuesto?

RESPUESTA

La escritura pública de cancelación de una hipoteca es uno de los supuestos que quedan gravados por la modalidad de actos jurídicos documentados, documentos notariales, del Impuesto sobre Transmisiones Patrimoniales y Actos Jurídicos Documentados (ITPyAJD); aunque quedaría exenta de la cuota variable. Tendrá que presentar la declaración por el impuesto.

La modalidad de actos jurídicos documentados, documentos notariales, del ITPyAJD somete a gravamen los documentos notariales en determinados términos. En concreto, las escrituras, actas y testimonios notariales que reúnan determinados requisitos. Se satisface a través de una cuota fija y una cuota variable. Así, y conforme al artículo 31 de la LITPyAJD:

> «1. Las matrices y las copias de las escrituras y actas notariales, así como los testimonios, se extenderán, en todo caso, en papel timbrado de 0,30 euros por pliego o 0,15 euros por folio, a elección del fedatario. Las copias simples no estarán sujetas al impuesto.
>
> 2. Las primeras copias de escrituras y actas notariales, cuando tengan por objeto cantidad o cosa valuable, contengan actos o contratos inscribibles en los Registros de la Propiedad, Mercantil, de la Propiedad Industrial y de Bienes Muebles no sujetos al Impuesto sobre Sucesiones y Donaciones o a los conceptos comprendidos en los números 1 y 2 del artículo 1 de esta Ley, tributarán, además, al tipo de gravamen que, conforme a lo previsto en la Ley 21/2001, de 27 de diciembre, por la que se regulan las medidas fiscales y administrativas del nuevo sistema de financiación de las Comunidades Autónomas de régimen común y Ciudades con Estatuto de Autonomía, haya sido aprobado por la Comunidad Autónoma.
>
> Si la Comunidad Autónoma no hubiese aprobado el tipo a que se refiere el párrafo anterior, se aplicará el 0,50 por 100, en cuanto a tales actos o contratos.
>
> (...)».

Por lo tanto, la escritura pública de cancelación de una hipoteca es uno de los supuestos que quedan gravados por la cuota gradual o variable de la modalidad de actos jurídicos documentados, documentos notariales, del ITPyAJD, al cumplirse los requisitos que establece el apartado 2 de dicho precepto. A pesar de ello, dicha escritura quedaría **exenta de la cuota variable de AJD**. No en vano, el artículo 45.I.B).18 de la LITPyAJD declara exentas «*las primeras copias de escrituras notariales que documen-*

ten la cancelación de hipotecas de cualquier clase, en cuanto al gravamen gradual de la modalidad "Actos Jurídicos Documentados" que grava los documentos notariales».

Sí habría que pagar, sin embargo, la cuota fija por el papel timbrado en el que se extiende la escritura, aunque su importe es muy reducido.

Finalmente, en cuanto a la obligación de presentar la declaración por el impuesto, el artículo 51.1 de la LITPyAJD la establece en general para todos los hechos imponibles, con independencia de que estén o no exentos. En ese mismo sentido se pronuncia, por ejemplo, la consulta vinculante de la Dirección General de Tributos (V1821-24), de 19 de julio de 2024.

Caso práctico | Imputación de rentas inmobiliarias en IRPF por vivienda habitual, plaza de garaje y apartamento en la playa

PLANTEAMIENTO

Elvira es propietaria de tres inmuebles urbanos situados en España:

- Su vivienda habitual, con un valor catastral de 90.000 euros.
- Una plaza de garaje adquirida conjuntamente con la vivienda habitual y situada en su mismo edificio, con un valor catastral de 5.000 euros.
- Un apartamento en la playa, que solo se utiliza en el mes de vacaciones, con un valor catastral de 120.000 (revisado con efectos de 2015).

¿Tendrá que imputarse rentas inmobiliarias por dichos inmuebles en su declaración de la renta correspondiente al ejercicio 2023? De ser así, ¿por qué importe?

RESPUESTA

Elvira tendrá que imputarse rentas inmobiliarias en su IRPF por el apartamento en la playa, en los términos que señala el artículo 85 de la LIRPF.

El artículo 85 de la LIRPF regula la imputación de rentas inmobiliarias y establece:

«1. En el supuesto de los bienes **inmuebles urbanos**, calificados como tales en el artículo 7 del texto refundido de la Ley del Catastro Inmobiliario, aprobado por el Real Decreto Legislativo 1/2004, de 5 de marzo, así como en el caso de los inmuebles rústicos con construcciones que no resulten indispensables para el desarrollo de explotaciones agrícolas, ganaderas o forestales, **no afectos en ambos casos a actividades económicas, ni generadores de rendimientos del capital, excluida la vivienda habitual y el suelo no edificado**, tendrá la consideración de renta imputada la cantidad que resulte de aplicar el 2 por ciento al valor catastral, determinándose proporcionalmente al número de días que corresponda en cada período impositivo.

En el caso de inmuebles localizados en municipios en los que los valores catastrales hayan sido revisados, modificados o determinados mediante un procedimiento de valoración colectiva de carácter general, de conformidad con la normativa catastral, y hayan entrado en vigor en el período impositivo o en el plazo de los diez períodos impositivos anteriores, el porcentaje será el 1,1 por ciento.

Si a la fecha de devengo del impuesto el inmueble careciera de valor catastral o éste no hubiera sido notificado al titular, el porcentaje será del 1,1 por ciento y se aplicará sobre el 50 por ciento del mayor de los siguientes valores: el comprobado por la Administración a efectos de otros tributos o el precio, contraprestación o valor de la adquisición.

Cuando se trate de inmuebles en construcción y en los supuestos en que, por razones urbanísticas, el inmueble no sea susceptible de uso, no se estimará renta alguna.

2. Estas rentas se imputarán a los titulares de los bienes inmuebles de acuerdo con el apartado 3 del artículo 11 de esta Ley.

Cuando existan derechos reales de disfrute, la renta computable a estos efectos en el titular del derecho será la que correspondería al propietario.

(...)».

Por otra parte, con respecto a las plazas de garaje y otros anexos de la vivienda habitual, la Dirección General de Tributos ha establecido lo siguiente [consulta vinculante (V0557-22), de 18 de marzo de 2022]:

«(...) no procederá la imputación de rentas inmobiliarias respecto de la vivienda habitual del contribuyente.

Ahora bien, a la hora de delimitar qué se entiende por vivienda habitual del contribuyente, la letra c) del apartado 2 del artículo 55 del Reglamento del Impuesto sobre la Renta de las Personas Físicas, aprobado por el Real Decreto 439/2007, de 30 de marzo (BOE de 31 de marzo), en adelante RIRPF, en su redacción vigente hasta 31 de diciembre de 2012, especificaba que no se está ante un supuesto de adquisición de vivienda cuando se adquieran independientemente de ésta, plazas de garaje, jardines, parques, piscinas, instalaciones deportivas y, en general, los anexos o cualquier otro elemento que no constituya la vivienda propiamente dicha. No obstante, añadía que se asimilan a viviendas las plazas de garaje adquiridas con éstas, con un máximo de dos. Siendo esta última expresión una excepción a la norma general.

En consecuencia, si bien en principio la adquisición de plazas de garaje no se asimilaba a la de la vivienda propiamente dicha, en relación con dicha excepción, el criterio de éste Centro Directivo es que para que se produzca tal asimilación es necesario que las plazas de garaje se encuentren en el mismo edificio o complejo inmobiliario de la vivienda y que la adquisición, tanto de la vivienda como de las plazas de garaje, se hubiera producido en el mismo acto, aunque podía ser en documento distinto, entregándose todas en el mismo momento. No podrá tener uso distinto al privativo del propio adquirente, en caso alguno».

Por lo tanto, **no procederá la imputación de rentas inmobiliarias en relación con la vivienda habitual ni la plaza de garaje**. Sí procedería, sin embargo, en relación con el apartamento en la playa. En concreto, como el valor catastral de dicho apartamento fue revisado en 2015, habrá que aplicar un porcentaje del 1,1 % del valor catastral para determinar la renta a imputar: 120.000 euros x 1,1 % = 1.320 euros.

ANEXO II

Este anexo recoge los modelos de Ficha de Información Precontractual (FIPRE) y de Ficha Europea de Información Normalizada (FEIN), que han de entregarse en el marco de la contratación de un préstamo hipotecario conforme a la Ley 5/2019, de 15 de marzo, reguladora de los contratos de crédito inmobiliario.

1. Modelo oficial de FIPRE

El modelo de Ficha de Información Precontractual o FIPRE se recoge en el **anexo I de la Orden EHA/2899/2011, de 28 de octubre, de transparencia y protección del cliente de servicios bancarios**.

Según indica dicho anexo, el texto del modelo se reproducirá tal cual en las Fichas de Información Precontractual que se elaboren para cada producto o servicio. Las indicaciones entre corchetes se sustituirán por la información correspondiente. Cuando se indique «si ha lugar», la entidad de crédito cumplimentará la casilla si la información es pertinente para el contrato de préstamo; si la información no es pertinente, suprimirá los datos correspondientes o la sección entera. En este último caso, la numeración de las secciones se adaptará en consecuencia.

La información que a continuación se indica, se facilitará en un solo documento. Se utilizarán caracteres tipográficos claramente legibles. Cuando se trate de elementos de información que deban resaltarse, se empleará negrita, sombreado o caracteres de mayor tamaño.

El **modelo** en sí sería el siguiente:

(Texto introductorio)

El presente documento se extiende el [fecha corriente] en respuesta a su solicitud de información, y no conlleva para [nombre de la entidad] la obligación de concederle un préstamo. La información incorporada tiene carácter meramente orientativo.

Se ha elaborado en las condiciones actuales del mercado. La oferta personalizada posterior puede diferir en función de la variación de dichas condiciones o como resultado de la obtención de la información sobre sus preferencias y condiciones financieras.

1. ENTIDAD DE CRÉDITO

- Identidad / Nombre comercial.
- Domicilio social
- Número de teléfono.
- Correo electrónico.
- Dirección de página electrónica.
- **Autoridad de supervisión:** [Identidad de la autoridad de supervisión y dirección de su página electrónica.]
- **Persona de contacto:** [Datos completos de la persona de contacto.]
- Datos de contacto del servicio de atención al cliente.

2. CARACTERÍSTICAS DEL PRÉSTAMO

- Importe máximo del préstamo disponible en relación con el valor del bien inmueble.
- Finalidad.
- Tipo de préstamo.
- (Si ha lugar) Préstamo en divisa.
- Plazo de amortización.
- (Si ha lugar) Este préstamo requiere de la aportación de una garantía hipotecaria.

- (Si ha lugar) Este préstamo requiere de la aportación de una garantía pignoraticia.

- (Si ha lugar) Este préstamo requiere de garantes personales.

- (Si ha lugar) El prestatario tiene la opción de poder dar en pago el inmueble hipotecado en garantía del préstamo, con carácter liberatorio de la totalidad de la deuda derivada del mismo.

- Ejemplo representativo.

- Reembolso del préstamo.

- (Si ha lugar) El incumplimiento de los términos y condiciones del contrato de préstamo no garantiza el reembolso de su importe total en virtud del contrato;

- Consecuencias del incumplimiento del contrato de préstamo.

3. TIPO DE INTERÉS

- Clase y nivel del tipo de interés aplicable:

  - Fijo.

  - Variable (expresado en tipo de interés de referencia + diferencial).

  - Variable limitado (expresando el tipo de interés mínimo y máximo y el tipo de interés de referencia + diferencial).

- En caso de que durante el plazo de amortización se modifique la clase de tipo de interés se deberá reflejar el plazo en que se aplicará cada tipo.

4. PRODUCTOS Y SERVICIOS VINCULADOS Y COMBINADOS. GASTOS PREPARATORIOS

- (Si ha lugar) Listado de productos o servicios vinculados al contrato de préstamo.

- (Si ha lugar) Listado de productos o servicios combinados con contrato de préstamo.

- Gastos preparatorios.

5. TASA ANUAL EQUIVALENTE Y COSTE TOTAL DEL PRÉSTAMO

La TAE es el coste total del préstamo expresado en forma de porcentaje anual. La TAE sirve para ayudarle a comparar las diferentes ofertas.

- La TAE aplicable a su préstamo es [TAE]. Comprende:

  - Tipo de interés.

  - Otros componentes de la TAE.

  - Coste total del préstamo en términos absolutos.

  - El cálculo de la TAE y del coste total del préstamo se basan en los siguientes supuestos:

- Importe.

- Tipo de interés.

- Otros supuestos.

6. AMORTIZACIÓN ANTICIPADA

- (Si ha lugar) Compensación por desistimiento.

- (Si ha lugar) Compensación por riesgo de tipo de interés.

2. Modelo oficial de FEIN

La Ficha Europea de Información Normalizada o FEIN se facilitará a través del modelo que se recoge en el **anexo I de la Ley 5/2019, de 15 de marzo**.

Según indica ese anexo, el texto del modelo se reproducirá tal cual en la Ficha Europea de Información Normalizada (FEIN). Las indicaciones entre corchetes se sustituirán por la información correspondiente. Cuando, se indique «si ha lugar», el prestamista facilitará la información requerida si es pertinente para el contrato de crédito; si la información no es pertinente, suprimirá los datos correspondientes o la sección entera (por ejemplo, cuando la sección no sea aplicable). En caso de que se suprima la sección completa, la numeración de las secciones de la FEIN se adaptará en consecuencia.

La información que se indica se facilitará en un solo documento. Se utilizarán caracteres tipográficos claramente legibles. Cuando se trate de elementos de información que deban resaltarse, se emplearán negrita, sombreado o caracteres de mayor tamaño. Se indicarán de forma destacada todas las advertencias de riesgo aplicables.

El **modelo** sería el siguiente:

(Texto introductorio.)

El presente documento se extiende para [nombre del prestatario], a [fecha del día].

Se ha elaborado basándose en la información que usted ha facilitado hasta la fecha, así como en las actuales condiciones del mercado financiero.

La información que figura a continuación es válida hasta el [fecha de validez], (si ha lugar) a excepción del tipo de interés y otros gastos. Después de esa fecha, puede variar con arreglo a las condiciones del mercado.

(Si ha lugar) El presente documento no conlleva para [nombre del prestamista] la obligación de concederle un préstamo.

1. PRESTAMISTA.
 - [Identidad].
 - [Número de teléfono].
 - [Dirección geográfica].
 - (Facultativo) [Correo electrónico].
 - (Facultativo) [Número de fax].
 - (Facultativo) [Dirección de página web].
 - (Facultativo) [Persona o punto de contacto].
 - (Si ha lugar, información que indique si se están prestando o no servicios de asesoramiento:) [(Tras analizar sus necesidades y circunstancias, recomendamos que suscriba este crédito/No le recomendamos ningún crédito en concreto. Sin embargo, basándonos en sus respuestas a algunas de la preguntas, le damos información sobre este crédito para que pueda tomar su propia decisión.)]

2. (SI HA LUGAR) INTERMEDIARIO DE CRÉDITO.
 - [Identidad].
 - [Número de teléfono].
 - [Dirección geográfica].
 - (Facultativo) [Correo electrónico].
 - (Facultativo) [Número de fax].

- (Facultativo) [Dirección de página web].
- (Facultativo) [Persona o punto de contacto].
- (Si ha lugar [información que indique si se están prestando o no servicios de asesoramiento]) [(Tras analizar sus necesidades y circunstancias, recomendamos que suscriba este crédito/No le recomendamos ningún crédito en concreto. Sin embargo, basándonos en sus respuestas a algunas de las preguntas, le proporcionamos información sobre este crédito para que pueda tomar su propia decisión.)]
- [Remuneración].

3. CARACTERÍSTICAS PRINCIPALES DEL PRÉSTAMO.

- Importe y moneda del préstamo por conceder: [valor] [moneda].
- (Si ha lugar) El presente préstamo no se expresa en [moneda nacional del prestatario].
- (Si ha lugar) El valor de su préstamo en [moneda nacional del prestatario] puede variar.
- (Si ha lugar) Por ejemplo, si el valor del/de la [moneda nacional del prestatario] disminuyera en un 20 % con respecto al/a la [moneda del crédito], el valor de su préstamo aumentaría a [insértese el importe en la moneda nacional del prestatario]. El incremento podría ser incluso superior si el valor del/de la [moneda nacional del prestatario] disminuye en más del 20 %.
- (Si ha lugar) El valor máximo de su préstamo será [insértese el importe en la moneda nacional del prestatario]. (Si ha lugar) Recibirá una advertencia si el importe del crédito alcanza [insértese el importe en la moneda nacional del prestatario]. (Si ha lugar) Tendrá usted ocasión de ejercer su [insértese derecho à renegociar el préstamo en moneda extranjera o derecho a convertir el préstamo en [moneda correspondiente], indicando las condiciones aplicables].
- Duración del préstamo: [duración].
- [Tipo de préstamo].
- [Clase de tipo de interés aplicable].
- Importe total a reembolsar:
- Esto significa que, por cada [moneda de denominación del préstamo] que tome en préstamo, reembolsará usted [importe].
- (Si ha lugar) [Este préstamo/Una parte de este préstamo] es un préstamo de solo intereses. Al finalizar la vigencia del crédito, seguirá adeudando [insértese el importe del préstamo de solo intereses].
- (Si ha lugar) Valor del bien inmueble que se ha tomado como hipótesis para preparar esta ficha de información: [insértese importe].
- (Si ha lugar) Importe máximo de préstamo disponible en relación con el valor del bien inmueble [insértese el ratio préstamo-valor] o Valor mínimo del bien inmueble exigido para prestar el importe indicado [insértese importe].
- (Si ha lugar) [Garantía].

4. TIPO DE INTERÉS Y OTROS GASTOS.

La tasa anual equivalente (TAE) es el coste total del préstamo expresado en forma de porcentaje anual. La TAE sirve para ayudarle a comparar las diferentes ofertas.

- La TAE aplicable a su préstamo es [TAE]. Comprende:
  - El tipo de interés [valor en porcentaje o, si ha lugar, indicación de un tipo de referencia y del valor porcentual del margen del prestamista].
  - [Otros componentes de la TAE].
- Costes que deben abonarse una sola vez:
  - (Si ha lugar) Tendrá que pagar una tasa por registrar la hipoteca [insértese el importe de la tasa si se conoce, o bien la base para su cálculo].
- Costes que deben abonarse periódicamente:
  - (Si ha lugar) Esta TAE se calcula a partir de hipótesis sobre el tipo de interés.
  - (Si ha lugar) Dado que [parte de] su préstamo es un préstamo a tipo de interés variable, la TAE efectiva podría diferir de la TAE indicada si el tipo de interés de su préstamo cambia. Por ejemplo, si el tipo de interés aumentase a [situación descrita en la parte B], la TAE podría aumentar a [insértese TAE ilustrativa correspondiente a esa situación].
  - (Si ha lugar) Tenga en cuenta que esta TAE se calcula partiendo del supuesto de que el tipo de interés se mantiene durante toda la vigencia del contrato en el nivel fijado para el período inicial.
  - (Si ha lugar) Los siguientes gastos son desconocidos para el prestamista y no se incluyen por tanto en la TAE: [Gastos].
  - (Si ha lugar) Tendrá que pagar una tasa por registrar la hipoteca.
  - Asegúrese de que tiene conocimiento de todos los demás tributos y costes conexos al préstamo.

5. PERIODICIDAD Y NÚMERO DE PAGOS.
  - Periodicidad de reembolso: [periodicidad].
  - Número de pagos: [número].

6. IMPORTE DE CADA CUOTA.
  - [Importe] [moneda].
  - Sus ingresos pueden variar. Considere si, en caso de que disminuyan sus ingresos, seguirá pudiendo hacer frente al reembolso de sus cuotas [periodicidad].
  - (Si ha lugar) Dado que [este préstamo/una parte de este préstamo] es un préstamo de solo intereses, tendrá que tomar disposiciones específicas para reembolsar la cantidad de [insértese el importe del préstamo que es solo de intereses] que adeudará al finalizar la vigencia del crédito. No olvide añadir a la cuota indicada cualesquiera pagos extraordinarios que deba realizar.
  - (Si ha lugar) El tipo de interés de [una parte de] este préstamo es variable. Esto significa que el importe de sus cuotas puede aumentar o disminuir. Por ejemplo, si el tipo de interés aumentase a [situación descrita en la parte B], sus cuotas podrían aumentar a [insértese el importe de la cuota correspondiente a esa situación].
  - (Si ha lugar) El valor del importe que tiene que reembolsar en [moneda nacional del prestatario] cada [periodicidad de las cuotas] puede variar. (Si ha lugar) Sus pagos podrían incrementarse hasta [insértese el importe máximo en la moneda nacional del prestatario] cada [insértese el período]. (Si ha lugar) Por ejemplo, si el valor del/de la [moneda nacional del prestatario]

disminuyera en un 20 % con respecto al/a la [moneda del crédito], tendría usted que pagar [insértese el importe en la moneda nacional del prestatario] adicionales cada [insértese período]. Sus pagos podrían incrementarse en una cantidad muy superior a esta.

- (Si ha lugar) El tipo de cambio utilizado para la conversión del reembolso en [moneda del crédito] a [moneda nacional del prestatario] será el publicado por [nombre del organismo encargado de la publicación del tipo de cambio] el [fecha], o se calculará el [fecha] utilizando [insértese el nombre del valor de referencia o el método de cálculo].

- (Si ha lugar) [Indicaciones sobre productos de ahorro vinculados, préstamos con intereses diferidos].

7. (SI HA LUGAR) TABLA ILUSTRATIVA DE REEMBOLSO.

La siguiente tabla muestra el importe que ha de pagarse cada [periodicidad].

Las cuotas (columna [n.º pertinente]) son iguales a la suma de los intereses adeudados (columna [n.º pertinente]), si ha lugar, el capital adeudado (columna [n.º pertinente]) y, si ha lugar, otros costes (columna [n.º pertinente]). (Si ha lugar) Los costes de la columna «otros costes» corresponden a [lista de costes]. El capital pendiente (columna [n.º pertinente]) es igual al importe del préstamo que queda por reembolsar después de cada cuota.

[Tabla].

8. OTRAS OBLIGACIONES.

Si desea beneficiarse de las condiciones de préstamo descritas en el presente documento, el prestatario debe cumplir las obligaciones que a continuación se indican.

- [Obligaciones].

- (Si ha lugar) Observe que las condiciones de préstamo descritas en el presente documento (incluido el tipo de interés) pueden variar en caso de incumplimiento de las citadas obligaciones.

- (Si ha lugar) Tenga en cuenta las consecuencias que puede tener el poner término más adelante a cualquiera de los servicios accesorios conexos al préstamo.

- [Consecuencias].

9. REEMBOLSO ANTICIPADO.

Este préstamo puede reembolsarse anticipadamente, íntegra o parcialmente.

- (Si ha lugar) [Condiciones].

- (Si ha lugar) Comisión de reembolso anticipado: [insértese el importe o, si no es posible, el método de cálculo].

- (Si ha lugar) Si decide reembolsar el préstamo anticipadamente, consúltenos a fin de determinar el nivel exacto de la comisión de reembolso anticipado en ese momento.

10. ELEMENTOS DE FLEXIBILIDAD.

- (Si ha lugar) [Información sobre portabilidad o subrogación] Tiene usted la posibilidad de transferir este préstamo a otro [prestamista] [o] [bien inmueble]: [Insértense las condiciones].

- (Si ha lugar) Este préstamo no puede ser transferido a otro [prestamista] [o] [bien inmueble].

- (Si ha lugar) Otras prestaciones: [insértese una explicación de las prestaciones adicionales enumeradas en la parte B y, de manera facultativa, cualesquiera otras prestaciones ofrecidas por el prestamista como parte del contrato de crédito que no se hayan mencionado en las secciones anteriores].

11. OTROS DERECHOS DEL PRESTATARIO.

- (Si ha lugar) Dispone usted de [duración del período de reflexión] a partir del [inicio del período de reflexión] para reflexionar antes de comprometerse a suscribir este préstamo. (Si ha lugar) No puede usted aceptar el contrato de crédito hasta que haya transcurrido un período de [duración del período de reflexión] a partir del momento en que el prestamista le entregue el contrato.

- (Si ha lugar) Durante un período de [duración del período de desistimiento] a partir de [inicio del período de disposición del crédito], el prestatario puede ejercer su derecho a cancelar el contrato de crédito. [Condiciones] [Insértese el procedimiento].

- (Si ha lugar) Si durante ese período compra o vende usted una propiedad relacionada con el presente contrato de crédito, podría perder su derecho a cancelar el contrato.

- (Si ha lugar) Si decide usted ejercitar su derecho de desistimiento [del contrato de crédito], no olvide comprobar si quedará o no vinculado por las demás obligaciones que ha contraído en relación con el préstamo [incluidos los servicios accesorios asociados al préstamo, contemplados en la sección 8].

12. RECLAMACIONES.

- Si tiene una reclamación, diríjase a [insértense los datos del punto de contacto interno y la fuente de información sobre el procedimiento].

- (Si ha lugar) Plazo máximo para la tramitación de la reclamación: [período de tiempo].

- (Si ha lugar) [Si no resolvemos internamente la reclamación a su entera satisfacción,] puede usted dirigirse a: [insértese el nombre del organismo externo que se ocupe de las reclamaciones y recursos extrajudiciales] (si ha lugar) o ponerse en contacto con la red FIN-NET para obtener las señas del organismo equivalente en su país.

13. INCUMPLIMIENTO DE LOS COMPROMISOS VINCULADOS AL PRÉSTAMO: CONSECUENCIAS PARA EL PRESTATARIO.

- [Tipos de incumplimiento].

- [Consecuencias financieras y/o jurídicas].

- Si tiene dificultades para efectuar sus pagos [periodicidad], póngase en contacto con nosotros enseguida para estudiar posibles soluciones.

- (Si ha lugar) En última instancia, puede ser desposeído de su vivienda si no efectúa sus pagos puntualmente.

14. (SI HA LUGAR) INFORMACIÓN ADICIONAL.

- (Si ha lugar) [Indicación de la legislación aplicable al contrato de crédito].

- (Si el prestamista se propone utilizar una lengua distinta de la lengua de la FEIN) la información y la documentación contractual se facilitarán en [lengua]. Con su consentimiento, durante la vigencia del contrato de crédito, nos comunicaremos con usted en [lengua o lenguas].

- [Insértese una declaración sobre el derecho del prestatario a que se le proporcione u ofrezca, según el caso, un proyecto del contrato de crédito].

15. SUPERVISOR.

- El supervisor de este prestamista es [denominación y dirección electrónica de la autoridad o autoridades supervisoras].

- (Si ha lugar) El supervisor de este intermediario de crédito es [denominación y dirección electrónica de la autoridad supervisora].

Cod. 01-06